ALBERT VONLANTHEN

Zu Hans Kelsens Anschauung über die Rechtsnorm

Schriften zur Rechtstheorie

Heft 6

Zu Hans Kelsens Anschauung über die Rechtsnorm

Von

Dr. Albert Vonlanthen

DUNCKER & HUMBLOT / BERLIN

Alle Rechte vorbehalten
© 1965 Duncker & Humblot, Berlin 41
Gedruckt 1965 bei Alb. Sayffaerth, Berlin 61
Printed in Germany

Inhalt

Einleitung   7

Erstes Kapitel

Einige grundlegende Identifikationen Kelsens   10

I. Die Versenkung der Zurechnungsfähigkeit in der Rechtsnorm S. 10 — II. Die Identität der Rechtsnorm und der Rechtspflicht S. 12 — III. Die Einheit des subjektiven Rechts und der Rechtsnorm S. 12 — IV. Der Untergang des Rechtssubjekts in der Rechtsnorm S. 14 — V. Die Identität von Staat und Recht S. 16 — VI. Die Einheit von Recht und Unrecht S. 17.

Zweites Kapitel

Das Wesen der Rechtsnorm nach Kelsen   19

I. Die Bedeutung des Rechtsnormbegriffs S. 19 — II. Die geistige und formal-logische Wirklichkeit der Rechtsnorm und ihr Hervorgang aus sich selbst S. 20 — III. Das Wesen des Sollens S. 22 — IV. Das Wesen der Rechtsnorm und ihres Sollens S. 24.

Drittes Kapitel

Das Wesen der Kelsen'schen Grundnorm   30

I. Die Geltung des Rechts und ihre Abhängigkeit von seiner Wirksamkeit S. 30 — II. Der letztliche Geltungsgrund der Rechtsnormen S. 32 — III. Der Inhalt und das Wesen der Grundnorm S. 36 — IV. Der Zweck der Rechtsnormen S. 38.

Viertes Kapitel

Kritik der Kelsen'schen Anschauung über die Rechtsnorm   41

I. Kelsens Relativismus und seine Widersprüchlichkeit S. 41 — II. Der idealistische und transzendentale Charakter der Kelsen'schen Konzeption S. 44 — III. Der innere Widerspruch des als Denkform ausgedachten Sollens S. 45 — IV. Das rein Logische, Verstandhafte und Formale des Kelsen'schen Sollens und seine Sinnentleerung S. 48 — V. Das Sollen bildet nicht das Wesen der Rechtsnorm S. 49 — VI. Die Sittlichkeit des eigentlichen und wahrhaften Sollens S. 51 — VII. Die analoge Zuteilung des Sollens an verschiedene Wirklichkeiten S. 52 — VIII. Das Kelsen'sche Sollen kein wahrwaftes Sollen S. 54 — IX. Die Unmöglichkeit einer Deduktion des Sollens aus der hypothetischen Grundnorm S. 54 — X. Die Grundnorm als unendliche Willensmacht S. 57 — XI. Die Unmöglichkeit einer Grundnorm als reiner Sollensform S. 58.

Fünftes Kapitel

Zum Grundsatz von der Unableitbarkeit des Sollens aus dem Sein   60

I. Der Bruch zwischen Sein und Sollen in der Ethik Kants S. 60 — II. Kelsens Dogma von der Unableitbarkeit des Sollens aus dem Sein S. 64 — III. Der Sturz in den Rechtsformalismus S. 65 — IV. Der aus dem Rechtsformalismus herauswachsende Gesetzesstaat S. 65 — V. Die Widersinnigkeit des Kelsen'schen Dogmas von der Struktur des Rechtssatzes her gesehen S. 67 — VI. Die hypothetische Grundnorm als Umdeutung eines Seinsverhalts in eine Norm S. 73 — VII. Die Unableitbarkeit der beschränkten Dauer und Endlichkeit der menschlichen Gesetze aus der hypothetischen Grundnorm S. 76 — VIII. Die Erkenntnis der Wirklichkeit und des Wesens der Dinge als Voraussetzung für das aus der Seinserkenntnis herausgebildete Sollen S. 76 — IX. Die spekulative und praktische Vernunft als einheitliche geistige Grundkraft des Menschen S. 78 — X. Das schlußfolgernde Vorwärtsschreiten der Vernunft und die naturhaft einleuchtenden Grundsätze der theoretischen Vernunft S. 80 — XI. Das naturhafte Gegenwärtighaben der unmittelbar einleuchtenden Grundsätze der praktischen Vernunft S. 81 — XII. Die unmittelbar einleuchtenden Grundsätze der praktischen Vernunft S. 83 — XIII. Das Wesen der dem Verstande einerschaffenen Urteilsanlage über das grundlegende Gute und Böse und Gerechte und Ungerechte S. 85 — XIV. Die Gestaltung des einzelhaften Sollens und Gesetzlichen aus der Erkenntnis der Rechtswirklichkeit S. 86 — XV. Der Normgehalt als Niederschlag wahrhafter rechtlicher Seins- und Wesenserkenntnis S. 90.

Einleitung

Das fundamentalste Begriffsgebilde der schon seit langem umstrittenen und immer wieder umkämpften „Reinen Rechtslehre" Kelsens bildet die Rechtsnorm. Zwar tragen noch andere Grundideen und -gedanken dieses recht groß angelegte, aber auf die Sicht einer bloßen abstrakten Logik eingeengte Lehrsystem. So versieht etwa der Grundsatz der Zurechnung im Kelsenschen Lehrgebäude eine ähnliche Funktion wie die Kausalität im Bereich der Naturwissenschaften, wenn sie im Rechtssatz die tatbestandliche Bedingung mit der Rechtsfolge verknüpft. Ebenfalls verleiht die sonderbare Schöpfung der hypothetischen Grundnorm der ganzen Welt der gewissermaßen aus ihr entspringenden Normen ihre angebliche rechtliche Sollgeltung. Endlich gibt die Rechtspflicht die weitere Grundlage für die im Rechtssatz angelegte Sanktion ab. Doch gestaltet sich kein Begriff dieser oft gescholtenen und gepriesenen Lehre so grundlegend wie der der Rechtsnorm[1]. Denn von ihr nimmt alles Recht-

---

[1] Zur Kritik der „Reinen Rechtslehre" vgl. E. Kaufmann Kritik der neukantischen Rechtsphilosophie, Tübingen 1921, S. 20 ff.; F. Sander, Rechtsdogmatik oder Theorie der Rechtserfahrung in Zeitschrift für öff. Recht, Bd. II, 1921, S. 511 ff.; S. Marck, Substanz- und Funktionsbegriff in der Rechtsphilosophie, Tübingen 1925, S. 20 ff. und 39 ff.; A. Merkl, Hans Kelsens System einer reinen Rechtstheorie, im Archiv des öff. Rechts, Bd. 41 oder Bd. 42, N. F. S. 171 ff.; v. Hippel E., Zur Kritik einiger Grundbegriffe in der „reinen Rechtslehre" Kelsens, und „Was ist Gerechtigkeit" in Mechanisches und moralisches Rechtsdenken 1959, S. 15 ff. und 179 ff.; W. Jöckel, Hans Kelsens rechtstheoretische Methode, Tübingen 1930, S. 84 ff.; J. Moor, Reine Rechtslehre, Naturrecht und Rechtspositivismus in Gesellschaft, Staat und Recht, hrsg. von A. Verdross, Wien 1931, S. 58 ff.; M. Stockhammer, Hans Kelsens philosophische Leistung, Archiv f. Rechts- und Sozialphilosophie, Bd. 39 (1950/51) S. 201 ff.; M. Gutzwiller, Was ist Gerechtigkeit in Zeitschrift für schweiz. Recht, Bd. 72, S. 303 ff. (eine sehr geistreiche Kritik von Kelsens Gerechtigkeitslehre!); K. Larenz, Methodenlehre der Rechtswissenschaft, Berlin-Göttingen-Heidelberg 1960, S. 68 ff.; H. Kimmel, Die Aktualität Kelsens, Arch. f. R. u. Soz. Phil. Bd. 47 (1961) S. 289 ff.; K. Englis, Hans Kelsens Lehre von der Gerechtigkeit, Arch. ibidem, S. 301 ff. und O. Brusiin, Erzieherische Ausblicke der rechtswissenschaftlichen Grundlagenforschung, Arch. ibidem, S. 387, insbes. S. 390 ff.; Kunz, Die definitive Formulierung der Reinen Rechtslehre, Österr. Zeitschr. f. öff. Recht, Bd. XI, N. F. S. 379 ff. Zur Auseinandersetzung zwischen der klassischen (aristotelisch-thomistischen) Philosophie und der „Reinen Rechtslehre" vgl. R. Marcic, Reine Rechtslehre und klassische Rechtsontologie, Österr. Zeitschr. f. öff. Recht, Bd. XI, N. F. S. 295 ff., S. 404 ff. u. 409 ff. und L. M. Schaller, Der Rechtsformalismus Kelsens und die thomistische Rechtsphilosophie, Hamburg 1949, S. 51 ff. Zu den Meinungsverschiedenheiten und Auseinandersetzungen zwischen der egologischen Theorie und der „Reinen Rechtslehre" vgl. weiter C. Cossio, Egologische Theorie und Reine Rechtslehre,

liche seinen Ausgang, und es gibt nichts in diesem Bereich, das nicht erst von ihr seine juristische Bedeutung und sein eigentliches rechtliches Sein empfinge. Was nämlich einem in der Raumzeitlichkeit sich vollziehenden Geschehen seine juristische Eigenheit und Gestalt verleiht, ist nicht etwa seine bloße Tatsächlichkeit oder sein nacktes im natürlichen Ablauf beschlossenes Sein. Vielmehr erhält dieses in der Außendinglichkeit sich abspielende Geschehen seinen juristischen Sinn und Gehalt und sein eigentliches rechtliches Wesen erst durch die Rechtsnorm. Sie hebt es also aus dem immensen Raum der reinen tatsächlichen Kausalgesetzlichkeit in die eigenständige Welt des Rechtlichen[2]. So verwandelt erst die Rechtsnorm etwa einen in einem Briefwechsel sich enthüllenden Vertragsschluß zum wirklichen Vertrag, mag dieser Tatbestand sein rechtliches Sein als Vertrag nach herkömmlicher Ansicht auch aus dem gegenseitigen Versprechen und der übereinstimmenden Willenserklärung der Vertragspartner schöpfen. Ohne die Rechtsnorm, welche dieses Geschehnis allein ins Reich der Vertraglichkeit erhebt, verfiele der ganze Tatbestand einfach der juristischen Bedeutungslosigkeit und verschwände im außerrechtlichen Raum des rein Faktischen. In der Rechtsnorm allein erschöpft sich auch seine juristische Erkenntnis- und Deutungsmöglichkeit und sein Sinn und Gehalt, womit diese ihm sein ganzes rechtliches Dasein und Wesen verleiht. Und da sich das Recht nur in der Natur der Norm enthüllt, so bilden die Rechtsnormen auch allein den Gegenstand der Rechtserkenntnis und -wissenschaft. Die eigentliche juristische Erkenntnis erstreckt sich daher keineswegs auf rein tatsäch-

---

Zeitschr. f. öff. R. N. F., Bd. 5 (1953) S. 18 ff.; Kelsen, Reine Rechtslehre und egologische Theorie, Österr. Zeitschr. f. öff. R., ibidem, S. 451 ff. und C. Cossio, Die antiegologische Polemik, Österr. Zeitschr. f. öff. R. N. F. Bd. 8 (1957/58), S. 193 ff. Zur neuesten Auseinandersetzung mit Kelsens rechtstheoretischer und philosophischer Anschauung vgl. „Das Naturrecht in der politischen Theorie" mit Referaten von H. Kelsen, E. Voegelin, F. M. Schmölz, A. Auer, R. Marcic, F. A. von der Heydte, G. Del Vecchio und A. Verdross und seinem ebenfalls sehr aufschlußreichen zweiten, aus Diskussionen bestehenden Teil, herausgegeb. von F. M. Schmölz, Wien 1963. Vom Aspekt der „Reinen Rechtslehre" sei dabei besonders auf die Referate von H. Kelsen: „Die Grundlage der Naturrechtslehre" (S. 1 ff.) und v. R. Marcic: „Das Naturrecht als Grundnorm der Verfassung" (S. 69 ff.) verwiesen.

[2] Kelsen, Reine Rechtslehre, Wien 1934 (zitiert RR I), S. 2 und 4 ff.; Reine Rechtslehre, Wien 1960 (zitiert RR II), S. 2 ff.; Die philosophischen Grundlagen der Naturrechtslehre und des Rechtspositivismus, Charlottenburg 1928 (zitiert: Die philosophischen Grundlagen), S. 10 ff. und Allgemeine Rechtslehre im Lichte materialistischer Geschichtsauffassung (zitiert: Allgemeine Rechtslehre), Archiv für Sozialwissenschaft und Sozialpolitik, Bd. 66, S. 499 f. Bei unsern Zitaten übergehen wir die im Jahre 1933 in französischer Sprache erschienene „Theorie pure du Droit", die sich im großen und ganzen als eine Übersetzung der im Jahre 1934 zum erstenmal in Wien herausgegebenen „Reinen Rechtslehre" und als ein Zwischenstück zwischen dieser und der endgültigen Fassung von 1960 ausnimmt. Die Entwicklung der Kelsenschen Anschauungen seit der Herausgabe der „Hauptprobleme der Staatsrechtslehre" im Jahre 1911 und seit 1934 zeichnet sich ja am anschaulichsten in der

liche seelische oder körperliche Vorgänge oder andere außendingliche Sachverhalte, sondern auf das bloße Gesetzliche und dessen Sollgehalt.

---

umfangreichen „Reinen Rechtslehre" vom Jahre 1960 ab, wenn man bei Kelsens Lehren überhaupt von einer eigentlichen Entwicklung sprechen kann. Denn der geistig nicht gerade ertragreiche Formalismus ist eben nicht auf Entwicklung angelegt.

Erstes Kapitel

Einige grundlegende Identifikationen Kelsens

Freilich ließe sich diese unbarmherzige Aufrundung alles Juristischen auf die nackte Gesetzlichkeit noch einigermaßen verstehen und begreifen, wenn die Kelsensche Anschauung in diesem Bereich noch in der großen abendländischen Tradition der Philosophia perennis wurzelte. Doch gerade hier stößt man auf recht erstaunliche Simplifizierungen der „Reinen Rechtslehre". In der Rechtsnorm ist nämlich nach Kelsen das Rechtliche nicht bloß ursprunghaft angelegt. Vielmehr deckt sie nach ihm eine ganze Reihe anderer Rechtswirklichkeiten zu, so daß diese in ihr buchstäblich verschwinden, oder ihr eigenständiges juristisches Sein sozusagen verdunstet. Dabei versteigt sich Kelsen zu bedenklichen Identifikationen solcher fundamentaler Rechtserscheinungen mit der Rechtsnorm, um sie in die Einheit seines Systems zu fügen und auf den dünnen Seinsbestand rein logischer Aspekte der Norm zu reduzieren.

I. So verwandelt sich etwa die Zurechnungsfähigkeit im Lehrgebäude der reinen Rechtslehre in etwas rein Normatives und gerät damit in eine sozusagen vollendete Identität mit einem Teilwesensgehalt der Kelsenschen Rechtsnorm. Dabei wird auch die Willensfreiheit folgeweise in die Norm hineingenommenen, mag sich Kelsen überdies auch als überzeugter Determinist gebärden[1]. In seiner Lehre löst er nämlich die Rechtsnorm von jedem metarechtlichen und in der positiven Gesetzlichkeit selbst nicht verankerten Wert los, um sie einer vollendeten wertblinden Eigengesetzlichkeit zu überantworten. Dabei nimmt sich diese als eine Art hypothetischen Urteils aus, wonach unter bestimmten von ihr vorgesehenen Bedingungen ein genau umschriebener Zwangsakt erfolgen soll. Die Norm, welche die Grundform des Gesetzes aufweist, verknüpft somit nicht wie das Naturgesetz einen bestimmten Tatbestand als Ursache mit der Wirkung in einer Seinsaussage, sondern die gesetzlich vorgesehene Rechtsbedingung mit der Rechts- oder Unrechtsfolge in der Sollensform. Die Verbindung zwischen der juristischen Bedingung und Folge enthüllt sich also nicht in einem Sein, sondern wesensgemäß in einem „Sollen". Dabei drückt dieses „Sollen" nur den besonders gearteten Sinn

---

[1] Vgl. RR II, S. 98 ff., 369 ff. u. 420 ff. und Kelsen, Kausalität u. Zurechnung, Österr. Zeitschr. f. öff. R., N. F. Bd. VI (1954), S. 137 ff.

aus, indem der bedingende und bedingte Tatbestand in einer Rechtsnorm miteinander verbunden sind. Weiter deckt das im Rechtssatz sich äußernde Sollen nicht nur die gebotene, sondern auch die bloß ermächtigte oder erlaubte Unrechtsfolge. Die mit dem Ausdruck „Sollen" im Rechtssatz sich offenbarende Verbindung von Bedingung und Folge qualifiziert nun Kelsen als „Zurechnung", mit der nach ihm nichts anderes als die in der herkömmlichen Rechtswissenschaft übliche Zurechnungsfähigkeit gemeint ist. Zurechnungsfähig ist nämlich, wer rechtlich zur Verantwortung gezogen, und unzurechnungsfähig, wer nicht zur Verantwortung gezogen werden kann[2]. Und wenn man nun nach Kelsen rechtswissenschaftlich sagt, daß dem einen die begangene Handlung oder Unterlassung zugerechnet werde und dem andern nicht, so bedeutet das nur, daß im einen Fall das Verhalten gesetzlich mit einer Unrechtsfolge verknüpft wird und sich so zum Unrecht auswächst, während im andern die Rechtsfolge unterbleibt. Damit besagt die in der Zurechnungsfähigkeit sich äußernde Zurechnung keineswegs die Verbindung eines bestimmten Verhaltens mit dem handelnden und verantwortlichen Menschen, sondern die nackte rechtliche Verknüpfung der Unrechtsfolge mit dem Unrecht, wobei die Rechtsfolge nicht dem Handelnden, sondern dem Unrecht zugerechnet wird[3].

Mit diesen Ausführungen verstrickt sich nun aber Kelsen in eine stückweise Identifizierung der Zurechnungsfähigkeit mit dem von ihm ausgedachten Wesensgehalt der Rechtsnorm, mag er auch anderweitig versichern, die Zurechnung besage nichts als eine reine Sollensbeziehung und formelle Verknüpfung zwischen dem bedingenden und bedingten Tatbestand[4]. Der ganze außerrechtliche Gehalt der Zurechnungs- und Unzurechnungsfähigkeit mit seiner ungeheuren Problematik verdunstet einfach in der Zauberformel des Kelsenschen Rechtssatzes. Dabei ist über das Wesen der straf- und zivilrechtlichen Verantwortlichkeit und die Bestimmung der Zurechnungs- und Unzurechnungsfähigen auch nicht das Geringste ausgesagt und ausgemacht. Denn die diesbezügliche in der menschlichen Seins-, Willens- und Gemütsverfassung angelegte Problematik läßt sich nicht einfach mit ein paar Rechtsformeln bewältigen oder zudecken, abgesehen davon, daß ja gerade die rechtliche Umschreibung der Zurechnungsfähigkeit aus der menschlichen Wesensanlage geholt

---

[2] Vgl. Kelsen, Kausalität und Zurechnung, S. 126 f. und 128 ff.; ebenfalls Kausalität und Zurechnung, Arch. f. Rechts- und Sozialphilosophie, Bd. 46, S. 322 ff. und General Theory of Law and State, Cambridge 1949, pp. 45 ff. und 92.
[3] Vgl. RR I, S. 21 ff.; RR II, S. 79—102; Demokratie und Rechtsstaat, S. 144 ff. und Kelsen, Der soziologische und juristische Staatsbegriff, Tübingen 1922, S. 82 ff. und Allgemeine Staatslehre, Berlin 1925, S. 48 ff. u. 65 ff.
[4] Allgemeine Staatslehre, S. 50 und Kausalität und Zurechnung, S. 128 ff. und 134 ff.

werden muß. Mit der Zurechnungsfähigkeit versenkt aber die „Reine Rechtslehre" auch die Willensfähigkeit und -freiheit in der Rechtsnorm, weil sich deren rechtlicher Wesensgehalt bereits im Sollen und in der Zurechnung findet[5].

II. Das ist aber keineswegs die einzige Identifikation, welche Kelsen zu seinen rechtswissenschaftlichen Entdeckungen zählen kann. Eine weitere bahnt sich zwischen der Rechtsnorm und Rechtspflicht an, um über andere Gleichstellungen in eine Versenkung der physischen und juristischen Person in der gleichen Norm auszumünden. Nach Kelsen enthüllt sich nämlich die von der bisherigen Rechtslehre stiefmütterlich behandelte Pflicht als die wesentlichste Funktion des objektiven Rechts. Dieses kann ja nur eine normative Bindung besagen, die sich eben im Wort „Pflicht" ausspricht[6]. Diese bedeutet indessen keinen von der Rechtsnorm verschiedenen Sachverhalt, die das pflichtige Verhalten vorschreibt. Vielmehr bildet sie diese Rechtsnorm selbst, „die das Verhalten... dadurch gebietet, daß sie an das gegenteilige Verhalten eine Sanktion knüpft"[7].

Denn Kelsen sieht in der Pflicht nur die Norm in ihrem Bezug auf das befohlene Verhalten eines bestimmten Subjekts oder eine besondere Ausstrahlung und einen bestimmten logischen Aspekt des Gesetzes. Dabei gestaltet sich die Rechtsnorm, welche etwa den schlechthinnigen Ersatz eines zugefügten Schadens gebietet, zur generellen Rechtspflicht, während sich der richterliche Entscheid, der eine bestimmte Person gegenüber einer andern zu einer Leistung verurteilt, als individuelle Norm ausnimmt. Und da die herkömmliche Lehre die Existenz der individuellen Rechtsnormen einfach ignorierte, übersah sie auch die Identität von Rechtsnorm und Rechtspflicht und verlegte in diese einen von jener verschiedenen Sachverhalt der Rechtserkenntnis[8].

III. Wenn nun aber die Rechtspflicht auch in der Norm aufgeht, was wird dann aus dem viel bestrittenen subjektiven Recht, das ja eine Art Gegenstück zu jener bildet? Nach Kelsen verficht die übliche Rechtslehre, daß das Recht — als objektives — Norm, Komplex von Normen oder Ordnung und — als subjektives — etwas davon völlig Verschiedenes, nämlich Interesse oder Wille sei. Damit verlegt sie aber schon in die

---

[5] Vgl. Allgemeine Staatslehre S. 65 ff., 71 ff., 97, 185, 267 f. u. 320; vgl. auch Morris Stockhammer, Hans Kelsens philosophische Leistung, im Archiv f. Rechts- und Sozialphilosophie, Bd. 39, S. 214—223.

[6] Vgl. RR I, S. 46 f.

[7] RR II, S. 121.

[8] RR II, S. 120/21 und RR I, 47. Hauptprobleme der Staatsrechtslehre, Tübingen 1911, S. 321 ff. u. 329 ff.; Allgemeine Staatslehre, S. 61 ff. und Allgemeine Rechtslehre, S. 489 f. u. 492. Vgl. auch W. Jöckel, Hans Kelsens rechtstheoretische Methode, Tübingen 1930, S. 20 f. und Larenz, Methodenlehre der Rechtswissenschaft, Berlin, Göttingen u. Heidelberg, 1960, S. 77 f.

Grundlage ihres Systems einen prinzipiellen Widerspruch. Die beiden Gebilde lassen sich nämlich unter keinen gemeinsamen Oberbegriff bringen. Diesen Widerspruch beseitigt man aber auch nicht damit, daß man zwischen das objektive und subjektive Recht eine Beziehung einschiebt und dieses als von jenem geschütztes Interesse oder von ihm anerkannten und gewährleisteten Willen definiert. Dies um so mehr als im fraglichen Dualismus von objektivem und subjektivem Recht noch der Gedanke spuckt, daß dieses jenem sowohl logisch als auch zeitlich vorangehe[9].

Was macht nun aber Kelsen aus dem subjektiven Recht? Nach ihm ist das Recht bloße Form und nicht Inhalt, lediglicher Schutz und nicht Geschütztes. Und da das subjektive nichts vom objektiven Recht Wesensverschiedenes bildet, muß das Recht im einen und andern Sinn dasselbe besagen und Rechtssatz sein[10]. Bezeichnet man nämlich das der Rechtspflicht eines Individuums entsprechende Verhalten des Berechtigten als Inhalt und Gegenstand eines Rechts, so bildet dieses bloß die Pflicht des andern. Dabei erweckt man den Schein von zwei rechtlich verschiedenen Sachverhalten, wo nur einer vorliegt. Und erschöpfend umschreibt man diesen einen Tatbestand mit dem Terminus „Rechtspflicht", wobei sich dann das angebliche subjektive Recht als bloßer Reflex der Pflicht enthüllt. Und in diesem bloßen rechtlichen Niederschlag der Pflicht wird der Berechtigte nur Objekt des Pflichtinhalts. So gestalten sich sowohl das Forderungs-, als auch das Sachen- und Eigentumsrecht zu einem lediglichen Reflexrecht aus, und spiegeln bezüglich der nämlichen Sache die Pflichten einer unbestimmten Zahl Subjekte gegenüber einem andern wider[11]. Ist nun aber die Pflicht eine bloße Rechtsform in ihrem rechtlichen Bezug zum Verpflichteten, so ist es auch das subjektive Recht, das mithin in der nämlichen Norm verdunstet.

Doch wird das subjektive Recht noch von einem andern Blickpunkt her zur Rechtsnorm umgedeutet. Sie wächst sich nämlich dann zum subjektiven Recht aus, wenn die Verwirklichung der im Rechtssatz ausgesprochenen und an den Unrechtstatbestand geknüpften Rechtsfolge durch den in der Klage sich äußernden Willen des Verletzten bedingt ist. Nur eine solche in dieser Willensäußerung sich kundgebende Rechtsmacht

---

[9] RR I, S. 40 f.; RR II, S. 137/8 und Allgemeine Rechtslehre, S. 487 f.
[10] Ganz ähnlich verfocht schon Bierling (Zur Kritik der juristischen Grundbegriffe, II. Teil, Gotha 1883, S. 67—69) früher die Ansicht, daß der Rechtsanspruch nichts anderes als eine Rechtsnorm in subjektiver Fassung bilde und man mit dem objektiven und subjektiven Recht zwei von verschiedenen Aspekten aus gewonnene Meinungen über ein und dieselbe Sache ausdrücke. In seiner Allgemeinen Staatslehre versteigt sich Kelsen auch zur Behauptung, daß das Recht seinem Wesen nach objektiv sei und es genau so wenig ein subjektives Recht wie eine subjektive Natur gebe (Allgemeine Staatslehre, S. 54).
[11] RR II, S. 130—37.

bildet einen von der Rechtspflicht verschiedenen Sachverhalt[12], die damit zum Recht auf die Pflichterfüllung eines andern wird[13]. Trotzdem gestaltet sich dieses — in der Kelsenschen Schau — eigentliche sujektive Recht keineswegs zu einem vom objektiven unabhängigen Rechtsgebilde. Indem sich nämlich die Rechtsnorm dem Verletzten zur Geltendmachung seiner Interessen zur Verfügung stellt, wird sie Recht eines Subjekts oder eine besondere Rechtsmacht verleihende Norm und individualisiert sich damit in ihrer Beziehung zum Verletzten zur Berechtigung, womit das subjektive Recht zur bloßen Erscheinungsform des objektiven wird. Die Berechtigung zeigt sich aber nur als mögliche und keineswegs notwendige Gestaltung des objektiven Rechts. Sie enthüllt sich als bloße technische Erscheinung der kapitalistischen Rechtsordnung, die auf das Privateigentum und Individualinteresse zugeschnitten ist[14].

Mit dieser Anschauung beseitigt die Reine Rechtslehre den Dualismus von subjektivem und objektivem Recht. In ihr wird nämlich das subjektive Recht das objektive Recht selbst, allerdings bloß vom Subjekt her gesehen, soweit es sich mit der von ihm statuierten Unrechtsfolge dem Berechtigten zur Verfügung stellt. Es wird also ganz ins objektive Recht zurückgenommen und verschwindet in diesem, weil eben die in der Rechtsnorm angelegte Relation zum verletzten Subjekt sich als etwas rein Gesetzliches ausnimmt und der äußerst dünnen Wirklichkeit des Rechtssatzes eigentlich nichts Neues hinzufügt[15].

IV. Wenn nun aber das subjektive Recht und die Rechtspflicht in der juristischen Norm verschwinden, was wird dann aus dem Rechtssubjekt? Da kann man gleich vorausschicken, daß Kelsen auch den Begriff der Person oder des Rechtssubjekts seines Gehaltes entleert und im objektiven Recht versenkt. Behauptet man nämlich sowohl das objektive Recht als auch die Rechtssubjektivität als gegeben, so verwickelt man sich nach Kelsen in einen logischen Widerspruch. Denn als heteronome Norm enthüllt sich das objektive Recht als Bindung und Zwang, während das Wesen der Rechtspersönlichkeit gerade die Negation aller Bindung, nämlich die Freiheit im Sinne der Selbstbestimmung oder Autonomie bedeutet. Überhaupt hat man, um weiter mit Kelsen zu sprechen, die beiden Begriffe „subjektives Recht" und „Rechtssubjekt" mit einer eigentlichen ideologischen Funktion versehen. Darnach bildet nämlich das subjektive Recht gegenüber dem objektiven eine transzendente Kategorie

---

[12] RR II, S. 139 ff.
[13] Vgl. Hauptprobleme der Staatsrechtslehre, S. 618 ff.
[14] RR I, S. 48 f. und RR II, S. 140 f. Vgl. auch Allgemeine Staatslehre S. 61 f. und Allgemeine Rechtslehre S. 492 f.
[15] RR I, S. 49; RR II, S. 194 f.; Allgemeine Staatslehre, S. 55 ff. u. 59; Allgemeine Rechtslehre, S. 492 f. Vgl. auch Jöckel, op. cit. S. 19; und Larenz, a. a. O., S. 77.

und ein Wesen, an dem die inhaltliche Gestaltung der Rechtsordnung eine unübersteigbare Schranke findet. Da man nämlich die der menschlichen Willkür enthobene, auf dem göttlichen Willen, auf der Vernunft oder der Natur ruhende Ordnung abgebaut hat, muß nun die Ideologie des subjektiven Rechts und der Rechtssubjektivität diesen Dienst übernehmen und die herrschende Eigentumsordnung stützen[16].

Was macht nun aber Kelsen aus dem Rechtssubjekt? Nach ihm werden bei der juristischen Person die Rechte und Rechtspflichten von etwas „getragen", was nicht Mensch ist. Daher vermag auch das, was die Rechte und Pflichten bei der physischen Person „trägt", nicht der Mensch, sondern bloß eine Eigenheit zu sein, über die sowohl die juristische wie die natürliche Person verfügt. Worin besteht nun diese Eigentümlichkeit? Zunächst einmal darin, daß die Person als „Träger" von Rechten und Pflichten nichts von diesen Verschiedenes bildet, sondern nur die Einheit einer Vielheit solcher Rechte und Pflichten und damit einer Vielheit von Normen ausdrückt[17]. Die sogenannte physische Person enthüllt sich so als der personifizierte Einheitsausdruck der das Verhalten eines Menschen regelnden Normen, und entkleidet man sie ihres Substanzcharakters, so wird sie zum bloßen Zurechnungspunkt für die als Pflichten und Rechte normierten Tatbestände und damit zu einer Hilfsvorstellung juristischer Erkenntnis, auf die man verzichten kann[18]. Genauso wie die physische bildet aber auch die juristische Person weder eine soziale Wirklichkeit noch eine Schöpfung des Rechts, sondern eine lediglich Ausgeburt der Rechtswissenschaft. Wenn diese einer Körperschaft juristische Persönlichkeit zuteilt, so bedeutet dies nur, daß die Rechtsordnung das Verhalten von Mitgliedern und Organen der solche Gebilde formenden Menschen normiert. Dieser verwickelte und in einer Teilordnung bestehende Sachverhalt erfährt seine verhältnismäßig bequeme und naive Hypostasierung im sonderbaren Gedankending der juristischen Persönlichkeit, die sich ebenfalls als bloßer Einheitsausdruck für einen bestimmten Normenkomplex ausnimmt. So löst die Reine Rechtslehre auch die Rechtspersönlichkeit in all ihren Erscheinungsformen als vom objektiven Recht verschiedene Wirklichkeit und Wesenheit auf und qualifiziert sie nur noch als besondere beziehungsweise Ausgestaltung und personifikative Darstellung des objektiven Rechts[19].

---

[16] RR I, S. 39 ff.; RR II, S. 173 ff. Vgl. auch Hauptprobleme der Staatsrechtslehre, S. 568 ff. u. 618 ff. und Allgemeine Rechtslehre, S. 488 f.
[17] RR II, S. 176 ff.
[18] RR I, S. 52 ff.; RR II, S. 178. Zur weitern Begründung dieser These vgl. auch Allgemeine Staatslehre, S. 62—64 und Allgemeine Rechtslehre, S. 493.
[19] RR II, S. 178 ff., 193 ff. und RR I, S. 54 ff. Zur weitern Rechtfertigung dieser Anschauung vgl. auch Allgemeine Staatslehre, S. 66 ff. und Allgemeine Rechtslehre, S. 493 f. Dazu Jöckel, op. cit. S. 21 ff. und 24 ff. und Larenz, op. cit. S. 77 f.

V. Im Lichte dieser Feststellung drängt sich ohne weiteres auch die Identifikation des Staates mit der Rechtsordnung geradezu als selbstverständliche Folgerung auf. Und diese Konsequenz hat denn Kelsen ebenfalls mit der ihm eigenen logischen Gründlichkeit gezogen. Eine aller Metaphysik und Mystik entleerte Staatserkenntnis kann sich nämlich nach ihm des staatlichen Wesens erkenntnismäßig nicht anders bemächtigen, als indem sie es als Ordnung menschlichen Verhaltens und damit als Rechtsordnung begreift. Da aber der Staat zur Erzeugung und Anwendung der ihn bildenden Normen über arbeitsteilig funktionierende Organe verfügen muß — denn nicht jede Rechtsordnung ist ein Staat —, so muß die sich im Staat enthüllende Rechtsordnung eine gewisse Zentralisation aufweisen. Und damit hebt sie sich von der primitiv vorstaatlichen und der zwischen- oder überstaatlichen Völkerrechtsordnung ab, die weder Gesetzgebungs- noch Gerichtsbehörden enthalten und sich zu völlig dezentralisierten gewohnheitsrechtlichen Zwangsordnungen gestalten. Weiter ist mit dem Staatsvolk rechtlich nur der persönliche und mit dem Staatsgebiet nur der räumliche Geltungsbereich dieser Ordnung gemeint. Und weil die Staatsgewalt die bloße Geltung einer schlechthin wirksamen Rechtsordnung bedeutet, läßt sich der Staat in der Kelsenschen Sicht „als eine relativ zentralisierte, in ihrem räumlichen und zeitlichen Geltungsbereich beschränkte, souveräne oder völkerrechtsunmittelbare, im großen und ganzen wirksame Rechtsordnung"[20] ansprechen. Und teilt man ihm das Attribut der Souveränität in ihrer ganzen Fülle zu, so wächst er sich im Verhältnis zu den die physischen und juristischen Personen bildenden Teilrechtsordnungen zu einer Art Gesamtordnung aus. Dadurch wird aber das Gebilde des Staates ebenfalls seiner Wirklichkeit vollständig entkleidet und auf eine besonders geartete Vielfalt von Normen reduziert. Dabei unterscheidet er sich von der einzelnen Rechtsnorm keineswegs wesen-, sondern bloß mengenhaft und wird zum bloßen rechtswissenschaftlichen Ausdruck für die Einheit der Rechtsordnung und zu einem nackten Zurechnungspunkt für das vielgestaltige staatliche Rechtsgeschehen, das der nach anschaulicher Erkenntnis haschende menschliche Geist in der staatlichen Rechtspersönlichkeit zu vergegenständlichen sucht. So merzt Kelsen durch die rücksichtslose Versenkung des Staates in der Rechtsnorm den herkömmlichen Unterschied zwischen Staat und Recht aus der Rechtswissenschaft aus und rechtfertigt damit seine immer wieder mit gleicher Begründung und ähnlichen Formeln verfochtene These der Identität von Staat und Recht[21].

---

[20] RR II, S. 293.
[21] Vgl. diesbezüglich RR II, S. 283 ff., 289 ff., 315 ff., und 319 f.; RR I, S. 115 ff., 119 ff. und 125 ff.; Demokratie und Rechtsstaat, S. 155 ff.; Der soziologische und der juristische Staatsbegriff, S. 75—106, 114 f. und Hauptprobleme der Staatsrechtslehre, S. 395 ff., S. 406 ff., 429 ff. und 450—537, in welch letzterem Werk Kelsens Staatsanschauung schon in ihren Umrissen enthalten ist;

VI. Damit bricht indessen die erstaunliche Kette der Kelsenschen Identifikationen noch keineswegs ab. Durchstöbert man nämlich die zwei Ausgaben der „Reinen Rechtslehre" und das eine oder andere Hauptwerk Kelsens[22], so stößt man im wunderlichen Hexenkessel der Rechtsnorm immer noch auf andere Rechtswirklichkeiten. Doch sei aus der Kelsenschen Sammlung von Identifikationen nur noch eine herausgegriffen. Denn wir möchten im eng gespannten Rahmen dieses bescheidenen Essays nicht zu weit ausholen. Erstaunlich ist ja, was man in der Kelsenschen Rechtsnorm an sich an juristischen Seltsamkeiten nicht alles entdecken kann. Sie nimmt sich auch fast wie ein märchenhafter juristischer Zauberspiegel aus, in dem man eine ganze Rechtswissenschaft „en miniature" betrachten kann. Aber eben, wie man hineinblickt, so kommt es auch heraus, und je länger man hineinguckt, um so verdrießlicher gestaltet sich die Schau. Doch welches ist nun diese letzte Identifikation, bei der wir noch einen Augenblick verweilen wollen? Es ist die sonderbare Gleichstellung von Recht und Unrecht. Nach Kelsen kann nämlich das Unrecht juristisch nur als Recht begriffen werden. Zunächst beinhalten nämlich die Begriffe des Unrechts und der Unrechtsfolge keinen sittlichen Wertgehalt. Vom Gesichtswinkel einer Theorie des positiven Rechts gibt es weder ein rechtliches Malum in se, noch ein Handeln oder Verhalten, das an sich ein Unrecht wäre, sondern lediglich Mala prohibita. Diese Feststellung enthält im Kern bereits der strafrechtliche Grundsatz nullum crimen sine lege, der sich seinerseits als Folgerung des Rechtspositivismus ausnimmt. Die Unterscheidung zwischen einem Verhalten, das sich zum Unrecht auswächst, weil es strafbar ist, und einem solchen, das sich strafbar gestaltet, weil es wesenhaft Unrecht ist, enthüllt sich als überlebter Rückstand naturrechtlicher Anschauungen. Denn über die Qualifikation eines Verhaltens als Unrecht entscheidet nach Kelsen nicht seine in ihm sich enthüllende innere und stets anhaftende Ungerechtigkeit, sondern ausschließlich die Stellung des ihm entsprechenden juristischen Tatbestands im Rechtssatz. Gestaltet sich dieser im hypothetischen Urteil der Rechtsnorm zur Bedingung für die rechtliche Reaktion und den Zwangsakt als Unrechtsfolge und Sanktion, so wird das fragliche Verhalten zum Unrecht. Durch diese rein formalistische Betrachtung wandelt sich das Unrecht aus einer haltlosen Negation des Rechts in eine besonders geartete Rechtsbedingung und wird zum eigentlichen Gegenstand

---

Allgemeine Staatslehre, S. 13 ff., im besonderen S. 16 ff. und Allgemeine Rechtslehre, S. 514 ff.; Kelsen, Das Problem der Souveränität und die Theorie des Völkerrechts, Tübingen, 1920, S. 10 ff. Vgl. auch Jöckel, op. cit. S. 26 ff. und S. Marck, Substanz- und Funktionsbegriff in der Rechtsphilosophie, Tübingen 1925, S. 20—34.

[22] Darunter insbesondere die Hauptprobleme der Staatsrechtslehre, Vorrede zur zweiten Auflage, S. X. f. und XVI f., die Allgemeine Staatslehre, S. 47, 51 f., 78, 232 ff., 263 u. 265 und das Problem der Souveränität, S. 9 und 13 ff.

der Rechtserkenntnis, die ja Rechtliches nur als Recht denken und erfassen kann. So fällt dann das Unrecht nicht mehr als wesensfremdes Gebilde aus der Welt des Rechts heraus, sondern wird in diese hineingenommen und ermöglicht erst das Werden des Rechts in seinem Seins- und Wesenbestande. Es bricht und verletzt ja so das Recht nicht mehr, sondern führt erstaunlicherweise erst seine Existenz und Bewährung im Sollen des Zwangsaktes als Unrechtsfolge herauf[23]. Denn in der eigenartigen Verknüpfung des bedingenden Tatbestands mit der Unrechtsfolge im hypothetischen Urteil des Rechtssatzes gibt sich das eigentliche Wesen der Rechtsnorm kund. Dagegen spricht das mit dem Rechtssatz bezweckte zwangvermeidende Verhalten das letztliche Wesen des Rechts keineswegs aus[24]. Mit dieser seltsamen und befremdenden Konstruktion wandelt sich das Unrecht in einen wesenhaften Teilgehalt des Rechtssatzes und der Rechtsnorm und verdichtet sich so in der Kelsenschen Schau zum eigentlichen Recht. Es verdunstet somit ebenfalls im Rechts- und Sollgehalt der Rechtsnorm, weil es von diesem einfach aufgesogen und verschlungen wird. Dabei enthüllt sich die bisherige mehr als zweitausendjährige Anschauung über das Unrecht, welches eine Verletzung oder Vernichtung von subjektiven Rechten und Rechtswerten, und nicht bloß eine Übertretung von abstrakten Normen bildet, als schlecht ausgeheckte Ausgeburt des naiven vorwissenschaftlichen Denkens. Allerdings glückt diese ungefähre logische Hereinnahme des Unrechts ins Recht nur deshalb, weil Kelsen das Wesen des Rechts in die Rechtsnorm verlegt und es in dieser dazu noch in der Unrechtsfolge und Sanktion versenkt. Mit ihm hatte auch die ganze neukantische Rechtsphilosophie den eigentlichen Seinsbestand des Rechts auf das Gesetzliche aufgerundet.

---

[23] RR I, 26 ff., RR II, S. 116 f. und 118 f.
[24] RR I, S. 22 und 30 ff. und Allgemeine Staatslehre, S. 51 ff. Dazu auch Jöckel, op. cit. S. 38 ff. und Larenz, op. cit. S. 76—77.

Zweites Kapitel

Das Wesen der Rechtsnorm nach Kelsen

I. Damit wollen wir unsere etwas weit ausholenden Erörterungen über die wunderlichen Identifikationen Kelsens abbrechen. Ihr kurzer und gedrängter Aufriß sollte ja nur die ganz grundlegende Bedeutung und alles überragende Stellung des Rechtsnormbegriffs im so verführerischen System der „Reinen Rechtslehre" enthüllen und unterstreichen. In der Tat gestalten sich seine Funktion, sein Gewicht und sein Einfluß so entscheidend, daß sie alles Begriffliche in dieser Lehre überschatten, wenn nicht gerade aufsaugen und verschlucken. In allen Grundgedanken, Ideen und Begriffen des Systems stößt man auf eine Art Niederschlag oder Ausstrahlung der Kelsenschen Anschauung über die Rechtsnorm. Dabei vermag nun deren mögliche Vielgestaltigkeit einen etwas kritischen Geist keineswegs zu überraschen. Ihre ungeheure Verschiedenartigkeit und geradezu unerschöpflichen Gestaltungsformen können nämlich rein geistig auch die mannigfachsten Rechtswirklichkeiten beinhalten und widerspiegeln. So läßt sich etwa rein verstandes-, erkenntnis- und damit gar willensmäßig das Sein der Zurechnungs- und Urteilsfähigkeit, der Rechts- und Handlungsfähigkeit, der Schuld, des Vorsatzes und der Fahrlässigkeit, des Eigentums und Besitzes, des Vertrages und der buntesten Vertragsformen in verschiedenen Rechtsnormen einfangen. Sollen also die erlassenen Normen das Rechts- und Gemeinschaftsleben ordnen, so müssen sie rein geistigerweise das Sein der zu gestaltenden Rechtswirklichkeiten in sich aufnehmen und es gar zu seinem vollendeten rechtlichen Wesensbestand führen. Logisch und erkenntnismäßig unsinnig ist es aber, ganze Reihen solcher fundamentaler Rechtsgebilde einfach im Wesen der Rechtsnorm an sich zu versenken. Da nämlich die Normen geistig einen sozusagen unbegrenzten Bestand solcher Rechtserscheinungen in sich bergen müssen, kann die Norm an sich keine derselben enthalten. Sonst müßten sich diese immer in ihr finden, womit der Rechtssatz in eine Art geistigen Ungeheuers ausarten müßte. Und weil nun die Rechtsnormen von andern Rechtswirklichkeiten so viel in sich hegen, müßen sie auch eine außerordentliche Vielsinnigkeit und ganz schmiegsame Natur aufweisen und sich gewissermaßen wie ein unerschöpflicher Schatz rechtlich verbindlicher Vorbilder ausnehmen, in dem der juristische Verstand alle Rechtswirklichkeiten in ihrer geistigen

Abbildlichkeit betrachten kann. Besinnt man sich aber einmal auf die Bestimmung der sehr weittragenden exemplarischen Kausalität, welche die Rechtsnormen im wunderlichen Kosmos der vielgestaltigen Rechtsgebilde versehen, so verwundert dieser Sachverhalt den denkenden Menschengeist keineswegs. Verwunderlich ist bloß, daß der Seins- und Wesensgehalt so vieler Rechtsgebilde einfach in der Rechtsnorm an sich gesehen und versenkt wird, obwohl doch gerade ihre bloß exemplarische Vergründung in der Rechtsnorm zur Bewahrung ihres eigenen Seins- und Wesensbestandes führen müßte. So hebt ja auch die ganz tiefe und folgerichtige Gestaltung eines menschlichen Wandels nach evangelischen Grundsätzen die eigenständige Wirklichkeit und Seinsgestalt dieses Lebenswandels nicht auf. Insbesondere verschwindet sein in der außerverstandlichen Wirklichkeit wesendes Sein nicht in den Grundnormen des Evangeliums. Ebenso vermag auch die recht kümmerliche Wirklichkeit der Rechtsnorm den außendinglichen Seinsbestand der Rechtsgebilde nur geistig in sich aufzunehmen, mögen diese auch oft eine recht dünne wahrnehmbare Realität aufweisen.

Doch wenden wir uns nun der Kelsenschen Anschauung über die Rechtsnorm zu! Was ist eigentlich dieses fundamentale Gebilde der Reinen Rechtslehre? Auf erste Besicht hin ist deren Wesen aus den bereits genannten Gründen nicht so leicht zu fassen. Doch läßt es sich doch einigermaßen aus der Rolle und Stellung der Rechtsnorm in der Lehre Kelsens erschließen. Dabei drängt sich vielleicht sogar unter bestimmten Aspekten eine Erhellung der mannigfachen und vielschichtigen diesbezüglichen Darlegungen Kelsens auf, obwohl man Kelsen kaum der Unklarheit seiner Lehre bezichtigen könnte. Dies um so mehr, als man gerade seiner ersten Ausgabe der Reinen Rechtslehre den kalten logischen Glanz nachgerühmt hat. Vielleicht sind aber die unabsehbaren Konsequenzen dieser von einer unnachgiebigen Formallogik geprägten Lehren noch gar nicht abgesteckt. Was meint also Kelsen eigentlich mit der Rechtsnorm?

II. Zunächst eine geistige und keine natürliche Wirklichkeit. Mit dieser lapidaren Feststellung soll das im Gesetzlichen sich erschöpfende Recht von der Natur, von andern geistigen Erscheinungen und anders gearteten Normen geschieden werden. Daher bildet die Rechtswissenschaft keine Natur-, sondern eine Geisteswissenschaft, wobei Kelsen das Recht aufs schärfste von der Moral trennt[1]. Freilich schweigt er sich über das eigentliche geistige Wesen der Rechtsnorm aus, und sieht man näher zu, so reduziert sich deren ganze Geistigkeit auf das rein Formale und Logische, das sich in ihr findet. Mit „Norm" meint nun Kelsen zunächst, „daß etwas sein oder geschehen, insbesondere daß sich ein Mensch in bestimmter

---

[1] RR I, S. 12.

Weise verhalten soll"[2]. Und mit dem „Sollen" taucht jene erstaunliche Aussage auf, die weder allein in der Sittlichkeit noch im Rechtlichen beheimatet ist[3] und die in der Reinen Rechtslehre und der deutschen Rechtsphilosophie des 20. Jahrhunderts eine so bedeutende Rolle spielt. Dabei zeichnet sich in ihr jene rechtsphilosophische Geistesrichtung ab, die seit der Kantschen Löslösung der Sittlichkeit von der Seinswelt einen angeblichen unüberbrückbaren Abgrund zwischen dem Sein und dem Sollen zu entdecken glaubte. In der Tat verficht denn auch Kelsen aufs entschiedenste die These, daß man aus dem, was ist, nicht etwas Seinsollendes folgern[4], daß man vom Reich des Seins nicht in den Bereich des Sollens gelangen[5] und daß keine Brücke den unermeßlichen Abgrund zwischen diesen beiden Welten miteinander verbinden könne. Solange man sich wenigstens in den Grenzen formallogischer Betrachtung bewegt, enthüllt sich die Kluft zwischen beiden Reichen als unübersteigbar[6]. Daher kann im Grunde genommen Recht nur aus Recht entstehen, genauso wie man im Kelsenschen Verstande auch sagen kann, daß Recht nur Recht erzeugt[7]. Ebenfalls normiert das Recht auch seine eigene Schöpfung. Denkt man also diese Kelsensche These richtig zu Ende, so drängt sie zur erstaunlichen Aussage, daß das Recht schließlich seinen eigenen Hervorgang aus dem Nichts vollzieht. Damit verstrickt man sich aber in einen abgründigen Widerspruch. Bestand nämlich — um uns in ganz uneigentlichem Sinne auszudrücken, denn das Nichts west und „istet" ja nicht — einmal ein Nichts vor dem Recht, so mußte dieses offenbar aus jenem in die Wirklichkeit und ins Dasein hervorbrechen. Dann war aber dieses „jene" kein Nichts, weil es dieses wunderbare Etwas des Rechts in die Welt des Daseins setzte und mit dessen letztem Seinsgrund den etwas kläglichen oder doch wenig durchdringenden Verstand der Juristen in so arges Kopfzerbrechen stürzte. Und brachte es gar aus dem Nichts die geistige Schöpfung des Rechts hervor, so mußte es sich als eine alles menschliche Denken überragende und grenzenlose Macht enthüllen. Der Schöpfungsakt selbst, d. h. aus dem vollendeten Nichts etwas ins Dasein setzen, supponiert nämlich eine unendliche Machtvollkommenheit, selbst wenn es sich um die jämmerliche Wirklichkeit des Rechts handeln sollte. Ge-

---

[2] RR II, S. 4.
[3] Auch die Ästhetik und Logik haben nämlich ihre Normen und bringen damit eine Art Sollen hervor.
[4] RR II, S. 5 und 215. Vgl. auch J. L. Kunz, Die definitive Formulierung der Reinen Rechtslehre, S. 380 f.
[5] Demokratie und Rechtsstaat, S. 145.
[6] Hauptprobleme der Staatsrechtslehre, S. 8.
[7] Daher gibt es folgerichtig in der Kelsenschen Denkweise kein Unrecht und vor allem kein Staatsunrecht. Denn die Kelsensche Grundnorm deckt ja alles Unrecht mit ihrer Rechtlichkeit und Gesetzlichkeit zu. (RR I, 26 f. u. 117 ff.; RR II, S. 35 f., 116 ff., 239, 260 und 305 ff.).

staltet sich nun aber das Wesen, welches das Kuckucksei des Rechts in die Welt setzte, so erhaben und unendlich, dann war es eben kein Recht. Kein juristischer Verstand wird ja das elende Gebilde des Rechts als eine Wesenheit von unendlicher Macht ansprechen. So ging eben das Recht aus einem andern Sein als dem Recht hervor, womit es nicht aus sich selbst entstand. Bestand jedoch vor dem Recht kein Nichts, dann war das Recht ewig. Denn was keinen Anfang hat, besteht vor allem Anfang und trägt die Unendlichkeit der Ewigkeit seines Seins in sich. Wenn aber die Rechtsphilosophen samt Kelsen auch schon viele Irrtümer und Widersinnigkeiten über das Recht verkündet und geschrieben haben, so behaupteten sie doch noch die, daß das Recht Ewigkeit und damit ein unendliches Sein aufweise. Dann ging aber das Recht auch wieder aus einem andern Wesen als dem Recht hervor. Und dieses Wesen war eben ein Sein und kein Recht, und zwar ein Sein von grenzenloser Macht. So findet sich schließlich am Grunde des Rechts nicht das Recht, sondern das Sein, das unendliche, ewige Sein.

III. Soweit hat aber die Reine Rechtslehre ihr Fragen nie getrieben. Sie stellt eben ihr Denken grundsätzlich bei der hypothetischen Grundnorm ein, obwohl sie die These von der unüberbrückbaren Kluft zwischen dem Sein und dem Sollen beim noch zu besprechenden Problem der Geltung und Wirksamkeit der Rechtsordnung in arge Verlegenheit stürzte. Daher gerät man nach Kelsen mit der Frage nach dem Anfang und Ende, nach der Entstehung und dem Untergang des Sollens in die Welt des Seins genau so wie man beim nämlichen Fragen nach dem Anfang und Ende des Seins auf die Welt des Sollens stößt. Damit sprengt aber der Geist die Grenzen der normativen Erkenntnismethode, in die er sich mit der Reinen Rechtslehre eingeschlossen hat[8]. Was ist nun aber in der Kelsenschen Sicht das in der Rechtsnorm sich enthüllende Sollen? Zunächst gestaltet es sich wie das Sein zu etwas so Ursprünglichem, daß es jeder Definition spottet. Ebensowenig wie man das Sein in einem Begriff einfangen kann, so kann man auch des Sollens selbst durch eine Definition habhaft werden. Es beschlägt Vorstellungen, denen wir das Sein zwar absprechen, die aber keineswegs in der bloßen Gleichgültigkeit des Nichtseins verharren. Und da es weder ins unermeßliche Reich des Seins zu treten noch aus diesem zu erscheinen braucht und doch ein Sollen ist und bleibt, so enthüllt es sich als unserm Bewußtsein unmittelbar gegebene Denkform, über die man nicht hinausfragen kann[9]. Indessen hat sich aber Kelsen doch an eine nähere Umschreibung des rechtlichen Sollens herangewagt und dieses zunächst als den Sinn angesprochen, „den gewisse menschliche Akte haben, die intentional auf das Verhalten anderer

---

[8] Vgl. Hauptprobleme der Staatsrechtslehre, S. 9—10.
[9] Vgl. Hauptprobleme, S. 7—8.

gerichtet sind"¹⁰. Dabei werden sie in diese Beziehung verflochten, wenn sie sinngemäß dieses Verhalten gebieten, erlauben oder ermächtigen. Das Kelsensche Sollen in seiner letzten Fassung umschließt also nicht bloß ein Gebieten, sondern auch das „Dürfen" und „Können". Damit dehnt Kelsen den rechtlichen Begriff des Sollens weit über dessen ureigentlichen Sinn aus. In seinem wahrhaften Verstande enthält nämlich das nackte rechtliche Können und Dürfen kein Sollen. Denn diese beiden Seins- und Rechtsverhalte schließen ja eine vollendete Freiheit in der Gestaltung des Rechtshandelns in sich und nehmen sich in ihrem reinen auf sich selbst gestellten Wesen völlig sollensfremd aus. Umfriedet aber der Gesetzgeber diese Bereiche mit einem recht verschiedenartiger Gestaltung fähigen Rechtsschutz, so wächst bloß Dritten ein eigentliches Sollen zur rechtlichen Beachtung und Bewahrung dieser gesetzlich abgesteckten Freiheitsbereiche zu. Dem rechtlichen Können und Dürfen wird dann das Sollen von diesem — Dritte verpflichtenden — Rechtsschutz und ihrer genauen normativen Umschreibung her gewissermaßen aufgestülpt. Daher enthalten diese beiden Rechtstatbestände das Sollen auch bloß folgeweise (per modum consequentiae) und keineswegs in seinem eigentlichen und wahren Sinne. Kelsen legt ihnen also nur aus der Sicht eines bloßen schon recht weit abliegenden Ähnlichkeitsverhältnisses die ihnen seinsfremde Aussage des Sollens zu. Und in der Hülle dieses uneigentlichen gesetzlichen Sollens finden sie sich so wesens- und seinshaft trotzdem in einer völligen Sollentfremdheit.

Weiter bilden nun die intentional auf das Verhalten anderer in Befehlsform gerichteten Akte selbstredend keine bloßen Denk-, sondern eigentliche Willensakte. Denn mit dem nackten Denken läßt sich so das Verhalten Dritter beziehentlich nicht erfassen. Die besprochenen Akte müssen daher die Form und Gestalt des Willentlichen empfangen. Doch identifizieren sich nach Kelsen das Sollen und die Rechtsnorm beileibe nicht mit dem Willensakt, „dessen Sinn sie sind"¹¹. Denn in der Norm steckt reines Sollen, während sich der Willensakt als Sein enthüllt. Daher muß der Sachverhalt, wonach der eine will, daß sich ein anderer in bestimmter Weise verhalten soll, wahrhaft in der Aussage des Sollens eingefangen werden. Dies um so mehr, als eben in der Norm das bestimmt geartete Verhaltensollen ein ganz vom gesetzgeberischen Willen losgelöstes Eigendasein führt¹². Solange sich nun aber im Sollen irgendein menschlicher Wille intentional auf das Verhalten eines andern bezieht, bildet das Sollen lediglich den subjektiven Sinn eines solchen Willens-

---

[10] RR II, S. 4; vgl. auch Kelsen, Allgemeine Rechtslehre, S. 453/4, und Vom Geltungsgrund des Rechts in „Völkerrecht und rechtliches Weltbild", Festschrift f. A. Verdross, Wien 1960, S. 158.
[11] RR II, S. 5.
[12] RR II, S. 9—10.

aktes. Zur Norm wächst es sich erst dann aus, wenn der fragliche Willensakt auch objektiv den Sinn des Sollens erlangt. Und von diesem Sinn ist er getragen, wenn das Sollen des Verhaltens auch vom Blickpunkt eines unbeteiligten Dritten aus gilt. Dabei muß es sich so verfestigen, daß es seine Gültigkeit selbst dann behält, wenn der es tragende Wille schon längst nicht mehr besteht. Erst so gestaltet sich das im genannten intentionalen Akt sich enthüllende Sollen zur Norm aus. Diesen geschilderten objektiven Sinn und seine unbestrittene normative Gültigkeit verleiht dem Willensakt, wenn er sich als gewöhnlicher Gesetzgebungsakt ausnimmt, die Verfassung und dieser die Grundnorm[13].

Freilich ist nun selbst im Kelsenschen Sinne mit diesen etwas umständlichen Ausführungen über den eigentlichen tieferen Gehalt des Sollens in der Rechtsnorm noch wenig ausgesagt. Denn daß sich dieses auf menschliches Verhalten erstreckt, aus etwas Willentlichem hervorgeht und objektive Gültigkeit aufweist, ist sozusagen selbstverständlich. Handgreiflich ist auch, daß sich das Sollen aufs entschiedenste vom Sein abhebt. Doch weist es keineswegs die Ursprünglichkeit, Unrückführbarkeit und Undefinierbarkeit des Seins auf. Dringen wir daher noch etwas tiefer ins Wesen der Kelsenschen Rechtsnorm ein, wenn es da wirklich etwas wahrhaft Tiefes zu ergründen gibt. Vielleicht schließt sich uns mit der Erhellung ihres Wesens auch das Wesen des rechtlichen Sollens im Kelsenschen Verstande auf.

IV. Am schärfsten hat Kelsen den Kernbestand der Rechtsnorm in der ersten deutschen Ausgabe der „Reinen Rechtslehre" zusammengefaßt[14]. Die neueste Ausgabe fügt dieser ursprünglichen Schau nur noch einige Verdeutlichungen hinzu, ohne die frühere Grundkonzeption umzustürzen. Was ist also eigentlich mit der Rechtsnorm gemeint? Zunächst bedeutet sie ein Gebot, eine Ermächtigung oder Erlaubnis, die im Sollen einen bestimmten Tatbestand mit einer bedingten Folge verknüpft. Die Rechtsnorm drückt dies so aus, daß unter bestimmten im Rechtstatbestand umschriebenen Bedingungen eine ebenso genaue im Rechtssatz festgehaltene Rechtsfolge eintreten soll. So ordnet etwa die Strafrechtsnorm an, daß mit Gefängnis bestraft wird, wer einen gesetzlich als Diebstahl ausgestalteten Tatbestand setzt. Weiter bestimmt auch das Zivilrecht, daß Zwangsvollstreckung in das Vermögen des Schuldners erfolgen soll, wenn dieser dem Gläubiger das Darlehen nicht zurückbezahlt[15]. Früher

---

[13] RR II, S. 6—7 u. Vom Geltungsgrund des Rechts, S. 160/62. Vgl. auch C. Cossio, Egologische Theorie und Reine Rechtslehre, S. 20 ff. und Kelsen, Eine „Realistische" und die Reine Rechtslehre, Österr. Zeitschr. f. öff. R., N. F. Bd. 10 (1959/60), S. 2 ff.

[14] RR I, S. 21 ff.

[15] Die Zivilrechtsnormen sind in den diesbezüglichen Gesetzen nicht so formuliert. Sie enthalten die Sanktion im Kelsenschen Sinne gewöhnlich nicht

qualifizierte nun Kelsen die Rechtsnorm schlechthinnig als hypothetisches Urteil[16], während er diese Behauptung in der neuesten Ausgabe der „Reinen Rechtslehre" zurückgenommen hat[17] und darein den eigentlichen Unterschied zwischen dem Rechts*satz* und der Rechts*norm* verlegt. Rechtssätze erweisen sich demnach als hypothetische Urteile, nach denen unter gewissen Bedingungen bestimmte Rechtsfolgen eintreten sollen, während sich die Rechtsnormen als Gebote, Erlaubnisse und Ermächtigungen ausnehmen, aber in der autoritativen Sollensform im übrigen das haargenaue Gleiche besagen. Damit gestalten sich die Rechtssätze zu rechtswissenschaftlichen, das Recht beschreibenden Aussagen. Die Rechtsnormen dagegen enthüllen das von den Behörden geschaffene oder erzeugte Recht und schreiben vor. Daher kann man nach Kelsen diesen von der Rechtswissenschaft geformten und zu nichts verpflichtenden und berechtigenden Sollsätzen die Attribute „wahr und „unwahr" zuteilen, während man die rechtsautoritativ gesetzten Sollnormen nur als gültig und ungültig ansprechen kann[18]. Eigentlich meinen aber diese mit recht viel Mühe ausgeklügelten Unterscheidungen bloß, daß die Normen rechtlich binden, das darüber aber rechtswissenschaftlich Gesagte und Ausgemachte nicht zu verpflichten vermag[19].

Kehren wir im Rechtssatz der Reinen Rechtslehre zur Verknüpfung des Tatbestands mit der geschilderten Rechtsfolge zurück! Um nun diese Verbindung etwas aufzuhellen, greift Kelsen auf die Beziehung zwischen Ursache und Wirkung in der Natur zurück. Wie sich im Naturgesetz die Wirkung mit der Ursache verkettet, so verknüpft sich im Grundgefüge des Rechtssatzes die tatbeständliche Bedingung mit der Rechtsfolge des Zwangsakts. Die im Sollen sich enthüllende Verbindung zwischen Tatbestand und Rechtsfolge versieht also in den Rechtsnormen eine ganz ähnliche Funktion wie die Kausalität im Naturgesetz. Doch zeigt die rechtsnormative Verknüpfung eine ganz andere Bewandtnis als die naturgesetzliche Kausalität. Jene schöpft ihr ganzes Dasein aus einer rechtsautoritativ gesetzten Norm, diese dagegen bildet etwas Vorgegebenes, von jedem menschlichen Willen und Eingreifen Unabhängiges[20]. Und

---

und erweisen sich unter diesem Aspekt im System der „Reinen Rechtslehre" als unselbständige Normen. (Vgl. RR II, S. 55 ff.)

[16] RR I, S. 22; Hauptprobleme der Staatsrechtslehre, S. 229—233 und Allgemeine Staatslehre, S. 54.
[17] RR II, S. 73.
[18] RR II, S. 73—78; Vom Geltungsgrund des Rechts, S. 159/60.
[19] Vgl. Cossio, C., Egologische Theorie und Reine Rechtslehre, Österr. Zeitschr. f. öff. R. N. F., Bd. 5 (1953), S. 46 ff. u. 53 ff.; Kelsen, Reine Rechtslehre und Egologische Theorie, ibidem S. 471 ff.; Cossio, Die anti-egologische Polemik, Österr. Zeitschr. f. öff. R., Bd. VIII, (1957/58), S. 213 f. und 215 ff.; Kelsen, Eine „Realistische" und die Reine Rechtslehre, ibidem, Bd. 10, S. 5 ff. und Kunz, Die definitive Formulierung der Reinen Rechtslehre, S. 386 f.
[20] RR II, S. 78—82.

da man nun im Rechtssatz nach Kelsen die Rechtsfolge wirkursächlich auf den bedingenden Tatbestand zurückführen kann, so muß sich diese Verknüpfung nach einem ganz andern Ordnungsprinzip gestalten, das sich als sogenannte „Zurechnung" ausnimmt. Die Rechtsfolge wird somit der Rechtsbedingung oder dem tatbeständlichen Verhalten zugerechnet. Und in dieser Zurechnung enthüllt sich die im Verhältnis zur naturwissenschaftlichen Kausalität besonders geartete Gesetzlichkeit des Rechts[21]. So meint denn auch Kelsen: „Ausdruck dieser als „Zurechnung" bezeichneten Beziehung und damit der Ausdruck der spezifischen Existenz des Rechts, seiner Geltung, das heißt des eigentümlichen Sinnes, in dem die zum System „Recht" gehörigen Tatbestände in ihrer wechselseitigen Verbundenheit gesetzt sind — und nichts anderes ist das Sollen, in dem die Reine Rechtslehre das positive Recht darstellt; so wie der Ausdruck der Kausalgesetzlichkeit das Müssen ist[22]. In der Rechtsnorm stiftet somit der Gesetzgeber eine von der Kausalität völlig verschiedene, aber ebenso unverbrüchliche Verkettung der Tatbestände. So bedeutet das rechtliche „Sollen" nur den spezifischen Sinn, in dem die Rechtsbedingung und Rechtsfolge in der Rechtsnorm verknüpft und verknotet sind[23]. Dabei deckt dieses „Sollen" sowohl die bloß ermächtigte und erlaubte als auch die gebotene Rechtsfolge[24]. Weiter enthält es weder ein Wollen[25] noch etwas Zweckhaftes[26] und weist einen rein formalen Charakter auf, womit es sich aufs entschiedenste von jeder transzendentalen Rechts- oder Gerechtigkeitsidee abhebt, und sich als bloße „relativ apriorische Kategorie zur Erfassung des empirischen Rechtsmaterials" ausnimmt[27]. Dabei gestaltet sich diese Relativität deshalb so eindringlich, weil ihr ganzes Sollen an der Hypothese der Grundnorm hängt und jeden nur ausdenkbaren Rechtsgehalt in sich aufzunehmen vermag[28].

Mit diesen Darlegungen ist aber das Wesen der Rechtsnorm im Kelsenschen Verstande noch keineswegs vollständig ausgeschöpft. Wir müssen weiter forschen, um seiner habhaft werden zu können, und im Rechtssatz einmal das eigentlich Gesollte noch etwas genauer ergründen. Denn die bloße Betrachtung des Sollens in seiner vollen Abgezogenheit von jedem rechtssatzlichen Inhalt hilft uns nicht weiter. Dies um so mehr, als ja

---

[21] RR I, S. 22 und Hauptprobleme der Staatsrechtslehre, S. 72—82.
[22] RR I, S. 22.
[23] RR I, S. 24; RR II, S. 81 f.
[24] RR II, S. 82 f.
[25] Hauptprobleme der Staatsrechtslehre, S. 11 und RR II, S. 10.
[26] Hauptprobleme, S. 58—71 und 89—93.
[27] RR I, S. 23/4; Hauptprobleme, S. 69—78 und 88—89; Die Idee des Naturrechts, in Zeitschr. f. öff. R., Bd. 7 (1928) S. 225 ff. und Allgemeine Rechtslehre S. 462 ff.
[28] Vgl. Die Idee des Naturrechts, S. 230.

Kelsen das Sollen genau wie das Sein als Urbegriff und undefinierbar erklärt. Was ist also in der Rechtsnorm nun eigentlich im Kelsenschen Sinne „gesollt"? Zergliedert man im Lichte der im Abendland herkömmlichen juristischen Anschauungen die Grundform eines Rechtssatzes, so würde man auf erste Besicht hin nicht einfach den nackten Zwangsakt der Vollstreckung oder Sanktion als gesollt qualifizieren, sondern diesen als lediglige Folgeerscheinung eines vorbestandenen Sollens ansprechen. So bestimmt beispielsweise Art. 211, Abs. 1 OR, daß der Käufer verpflichtet ist, den Kaufpreis nach den Vertragsbestimmungen zu bezahlen und die gekaufte Sache anzunehmen, wenn sie ihm vertragsgemäß angeboten wird. Bei vertraglicher Leistung der Kaufsache erstreckt sich hier somit das Sollen auf die Leistung des Kaufpreises, was sich als eigentliche Rechtspflicht des Käufers ausnimmt. Bezahlt der Käufer den geschuldeten und gesollten Kaufpreis nicht freiwillig, so kann der Verkäufer die Bezahlung auf dem Vollstreckungswege fordern. Dabei gestaltet sich aber diese Zwangsvollstreckung zu einer lediglichen Folgeerscheinung der bereits vorhandenen Rechtspflicht des Käufers. Das stimmt jedoch in der Kelsenschen Sicht des Rechtssatzes nicht. Freilich scheint die Gesolltheit der Sanktion das Verbot des sie bedingenden Verhaltens und das „Geboten-sein" des Gegenteils einzuschließen. Doch ist mit dem „Geboten-sein oder Verboten-sein eines bestimmten Verhaltens nicht das Gesollt-sein dieses Verhaltens oder seines Gegenteils, sondern das Gesollt-sein der Folge dieses Verhaltens, d. h. der Sanktion gemeint"[29]. Das gebotene bildet also keineswegs das gesollte Verhalten, weil das Sollen bloß die Sanktion beschlägt. Diese erstaunliche Folgerung läßt sich übrigens bereits aus früheren Darlegungen Kelsens ziehen, der die normative Existenz einer Rechtspflicht mit einem ihr aufgepfropften Zwangsakt als Dualismus und als zweifellosen Überrest natürlichen Denkens brandmarkte[30]. Damit enthüllt sich nun das „Geboten-sein" eines Verhaltens darin, daß sich sein Gegenteil zur Bedingung des Gesollt-seins der Sanktion gestaltet[31]. Was geschieht aber nun mit der Rechtspflicht? Sie verschwindet im Grunde genommen in der Rechtsnorm und im Zwangsakt. Sie zeigt sich ja als Gegenteil desjenigen Verhaltens, das Bedingung des gesollten Zwangsaktes ist, und bildet keineswegs das gesollte Verhalten. Mit ihr ist demnach bloß „das Gesolltsein ... des als Folge des gegenteiligen Verhaltens statuierten und als Sanktion fungierenden Zwangsaktes"[32] gemeint. Dabei ist noch ein letztes festzuhalten. Einmal kann die staatliche Rechtsordnung solche Zwangsakte nicht nur an menschliche Handlungen und Unterlassungen, sondern auch an

---

[29] RR II, S. 26.
[30] Vgl. Die Idee des Naturrechts, S. 244 f.
[31] RR II, S. 26.
[32] RR II, S. 126.

andere sozial unerwünschte Sachverhalte knüpfen. So befugt angeblich das Recht totalitärer Staaten die Regierung, Personen mißfälliger Gesinnung, Religion oder Rasse einzukerkern oder gar zu töten. Mag man solche Maßnahmen sittlich auch aufs schärfste verdammen und anprangern, so sind sie nach Kelsen doch durch das staatliche Recht gedeckt[33]. Mit dieser Ausgestaltung erfährt natürlich der Sanktionsbegriff im System der Reinen Rechtslehre eine bestürzende Erweiterung. Schließlich hat die Gesolltheit des Zwangsakts wieder die sonderbare Bewandtnis, daß sich seine Nichtvollstreckung selbst auch noch als Bedingung eines gesollten, ermächtigten oder erlaubten Zwangsakts ausnimmt. Das Kelsensche Sollen umfaßt ja auch das Können und Dürfen. So wird die Vollstreckung der Sanktion zum Gebot und Inhalt einer Rechtspflicht, wenn die Rechtsordnung ihre Unterlassung wieder zur Bedingung einer Sanktion macht, wobei die letzte Sanktion immer nur in eine nackte Ermächtigung ausmündet, weil ja die letztendliche Pflicht ihr Sein nicht aus einer Pflicht, sondern bloß aus einer rechtlichen Machtvollkommenheit holen kann[34].

Deutet man nun den Gehalt dieser seltsamen und befremdenden Lehre richtig aus, so ergibt sie, daß nach Kelsen das Wesen der Norm und damit des Rechts letztlich zwei Kernbestandteile aufweist; zunächst das jeden sittlichen Gehalts entleerte, rein formale und in den sauberen Bereich der Logik verwiesene Sollen, das sich in der Kelsenschen Sprechweise als eine Art Oberbegriff ausnimmt; zu diesem gesellt sich der an eine bestimmte Bedingung geknüpfte staatliche Zwangsakt, der sich ins Gewand des Sollens kleidet und im Rechts- und Normbegriff die Funktion der spezifischen Differenz versieht. Damit verlegt Kelsen das Wesen des Rechts materiell in den Zwangsakt oder die Sanktion, wobei sich dieses zu einer rein äußeren Zwangsordnung und einer bloßen sozialen mit einem Zwangsapparat versehenen Technik auswächst. Denn mag die Rechtsnorm in ihrer so ausgedachten Eigenheit auch auf das zwangsvermeidende Verhalten abzielen, so beschlägt doch ihr eigentliches und wahrhaftes logisches Sollen immer nur den auf das gegenteilige Verhalten gemünzten Zwangsakt[35].

Die daherige Pflicht zum zwangsvermeidenden Verhalten schöpft somit ihr ganzes diesbezügliches Sein — wenn ihr überhaupt ein solches eignet — aus der nackten hinter ihr stehenden Sanktion. Sie ist eine bloß aus der Sanktion herausgewachsene und mitgedachte Pflicht, die streng-

---

[33] RR II, S. 41—43.
[34] RR II, S. 26 ff. und 120—124; vgl. ebenfalls Allgemeine Rechtslehre S. 463 ff.
[35] Vgl. Allgemeine Rechtslehre, S. 462 u. 464 ff. Dazu in mehr gegenteiligem Sinn, Kunz, op. cit. S. 382.

genommen mit keinem rechtlichen Sollen ausgestattet ist und sich als bloße technische Folgeerscheinung des auf das gegenteilige Verhalten zugeschnittenen Zwangsakts ausnimmt. Sie verfügt deshalb auch über gar keinen rechtlichen Halt und drängt sich den Rechtsunterworfenen nur deshalb auf, weil sie sonst in die Zwangsvollstreckung und Sanktion hineingezogen werden. Das ganze rechtliche Sollen im Kelsenschen Rechtssatz erstreckt sich also letztlich immer nur auf den Zwangsakt. So rundet sich auch das ganze Wesen des Rechts auf den reinen Mechanismus der Sanktion auf. Denkt man sich nun die genauen logischen Konsequenzen dieser Lehre über die Rechtsnorm aus, so enthüllen sie sich gewissermaßen als unübersehbar. Und vermutlich konnte sie sich Kelsen in den einzelnen Zweigen der Rechtswissenschaft auch gar nicht richtig ausmalen. Diese Folgen waren es auch, welche viele bedächtige Juristen erschreckten, die im übrigen vom Glanz der kalten und unerbittlichen Logik Kelsens geblendet waren, obwohl man sich in die Schlag- und Beweiskraft dieser Systemlogik verhältnismäßig wenig vertiefte und noch weniger ihre inhärente Brüchigkeit aufzeigte. Bevor wir uns nun aber an einen kurzen Aufriß der zwingenden Folgen dieser Auffassung über die Rechtsnorm machen, wollen wir uns noch etwas der Kelsenschen Lehre über die Grundnorm zuwenden. Sie wird die Anschauung über die Rechtsnorm noch von einer andern Blickrichtung her etwas aufhellen.

Drittes Kapitel

Das Wesen der Kelsenschen Grundnorm

Die Grundnorm ist eine der fundamentalsten Erfindungen der Reinen Rechtslehre. Und grundlegend ist sie deshalb, weil sie das ganze Kelsensche Rechtsgebäude wie der Riese Atlas die ungeheure Last der Erde tragen muß[1]. Wie aus einem sich von nirgendher speisenden und doch nie versiegenden Quellgrund fließt den sich geistig in rangmäßiger Folge auftürmenden Normen gleichsam überquellend von Stufe zu Stufe das stete Sollen ihrer rechtlichen Geltung zu. Denn im System unseres Autors entzündet sich das Problem der Grundnorm bei der Frage nach dem Geltungsgrund der Rechtsnorm. Damit stöbert man aber gleich eine wichtige Zwischenfrage auf. Was meint nämlich die Reine Rechtslehre überhaupt mit der Geltung der Rechtsnormen? Besagt diese das nackte Gebundensein an die Norm und so die aus ihrem Wesen fließende Verpflichtungsgewalt oder die bloße Tatsächlichkeit der Verknüpfung zwischen der tatbestandlichen Bedingung und der Rechtsfolge? Bedeutet sie gar in der wunderlichen Welt dieses juristischen Schematismus ein vielleicht anderes mit dem Pathos des wissenschaftlichen Entdeckers vorgetragenes und noch nie erfaßtes rechtsphilosophische Kuriosum?

I. Durchmustert man die beiden Ausgaben der „Reinen Rechtslehre", so stößt man auf keine blendend klare Aussagen über das Wesen der Geltung. Freilich ahnt und begreift man einigermaßen, was Kelsen mit diesem rechtlich etwas schwer faßlichen und definierbaren Sachverhalt andeuten will. Während diese Geltung in der herkömmlichen Lehre hauptsächlich das vorschriftsgemäße Entstehen und Hervorgehen der Rechtsnormen aus ihrem Ursprung beschlägt, unterscheidet Kelsen zunächst die Norm vom gesetzgeberischen Willensakt, dessen Sinn sie bildet, und löst ihre auf Dauer angelegte Existenz von dessen mehr oder weniger ausgeprägtem Augenblicksdasein. Mögen die Gesetzgebungsakte längst vergangen und seine Urheber und Träger ins Grab gesunken sein, die Norm fristet ihre rechtliche Existenz in vollendeter Losgebundenheit von diesen weiter[2]. Doch spricht Kelsen die Geltung keineswegs etwa als Sein der Norm an, worauf etwa ihr Dasein verweisen könnte. Vielmehr

---

[1] Vgl. dazu Larenz, op. cit. S. 69 ff., Kunz, op. cit. S. 389 ff.
[2] RR II, S. 10.

versteht er darunter „die spezifische Existenz der Norm" und die „besondere Art in der sie gegeben ist"[3], und hebt sie aufs entschiedenste vom Sein der raumzeitlichen Wirklichkeit ab. Daher gestaltet sich die Geltung keineswegs zu etwas Seinshaftem, sondern zu einem Sollen und enthüllt sich in der Aussage: „irgend etwas soll oder soll nicht sein oder getan werden"[4], womit doch nach Kelsen nur der Zwangsakt und damit das Wesen der Norm gemeint sein kann. Freilich deutet er die Geltung auch als Verbindlichkeit der Normunterworfenen zu normgemäßem Verhalten aus[5], wobei er aber nicht präzisiert, ob mit diesem der Zwangsakt oder das Gegenteil seiner Bedingung gemeint ist. Diese definitorischen Verlegenheiten enthüllen die aus der so nachdrücklichen und rücksichtslosen Scheidung von Sollen und Sein fließenden Schwierigkeiten, in die man sich verstrickt, wenn man sich aus dieser Sicht heraus an die begriffliche Fassung grundlegender Rechtsbegriffe macht. Will man nämlich den Wesensgehalt dieser Geltung in eine entsprechende Umschreibung einfangen, so muß man sie aus der Kelsenschen Schau heraus in ein Paradox fassen und sie als vorschriftsgemäßes Sein des schlechthinnigen Sollens der Norm als Norm ansprechen. Denn auch die Norm bildet ein Sein, mag man mit Kelsen auch sozusagen alles Sein aus dem Wesen der Norm ausrotten wollen. Und gerade in ihrer Geltung enthüllt sich der Seinsbestand der Norm als Norm. Denn zum mindesten nimmt sich die Norm als ein verstandhaftes und mehr oder weniger an die Sprache und Erkenntnis gebundenes Sein aus. Weil aber diese Geltung räumlich und zeitlich beschränkt ist, läßt sie sich auch als das auf Dauer angelegte, raumzeitliche Sein der Norm qualifizieren.

Dieser im Wesen der Norm selbst sich findende Widerspruch spiegelt sich noch in einem andern Sachverhalt, welcher der „Reinen Rechtslehre" etliches Kopfzerbrechen bereitete. Kelsen scheidet nämlich aufs schärfste die Geltung der Norm von ihrer Wirksamkeit. Mit dieser ist das nackte Faktum gemeint, daß die Norm angewandt und befolgt wird und das menschliche Verhalten sich normgemäß gestaltet, während die Geltung der Norm nur reines Sollen bedeutet. Nun gilt aber nach Kelsen eine Rechtsordnung und Rechtsnorm nur dann, wenn sie im großen und ganzen befolgt wird. Eine Ordnung oder Norm ohne solche Wirksamkeit entbehrt jeglicher Gültigkeit, womit eben ihre Geltung einen Minimalbestand von Wirksamkeit supponiert. Ist aber die Geltung der Norm an ihre Wirksamkeit geknüpft, dann schöpft diese ihr Sollen nicht bloß aus dem Sollen einer andern Norm, sondern auch aus dem bloßen Sein der Wirksamkeit, womit eine Grundthese der „Reinen Rechtslehre" geradezu aus den

---

[3] RR I, S. 7 und RR II, S. 9 und 10.
[4] RR II, S. 10 und 82 f.
[5] RR II S. 196; vgl. weiter S. 215 und RR I, S. 7 ff. und 69 ff.

Angeln gehoben wird. Hebt nämlich die Nichtbefolgung der Rechtsunterworfenen eine bereits geltende Norm auf, dann verfügt diese Seinstatsache auch über ihr Sollen, womit man dieses dem Sein überantwortet[6]. Doch wie gebärdet sich nun Kelsen gegenüber der Unerbittlichkeit dieser Logik? Er zieht sich mit unhaltbaren Unterscheidungen aus der Patsche. Nach ihm bildet nämlich „die Wirksamkeit einer Rechtsordnung ebensowenig wie die Tatsache ihrer Setzung den Grund der Geltung"[7]. Mit diesem ist nämlich die Antwort auf die Frage nach dem Warum der Befolgung und Anwendung der Rechtsordnung gemeint. Und als Geltungsgrund enthüllt sich „die vorausgesetzte Grundnorm, derzufolge man einer tatsächlich gesetzten, im großen und ganzen wirksamen Verfassung und daher den gemäß dieser Verfassung tatsächlich gesetzten, im großen und ganzen wirksamen Normen entsprechen soll"[8]. Dabei wachsen sich die Setzung und Wirksamkeit in der Grundnorm zur Bedingung der Geltung aus. Nun nimmt sich aber im rechtlichen Bereich gerade jede Bedingung als Tatsache aus, von der eine Rechtswirkung abhängt. Selbst wenn man also die Setzung und Wirksamkeit auf den Bestand von bloßen Bedingungen reduziert, so vergründet man in ihnen doch das anfängliche und weitere Dasein der Norm und holt damit deren Sollen aus dem Sein. Diese kurzen Andeutungen enthüllen bereits an einem verhältnismäßig kleinen Problem die Fragwürdigkeit der Kelsenschen Lehre, wonach man aus dem Sein kein Sollen schöpfen könne. Doch spitzt sich diese Problematik noch viel schärfer bei der Frage nach dem Geltungsgrund der Rechtsnormen zu. Woher schöpfen diese eigentlich ihr eigenständiges juristisches Wesen als Normen?

II. Damit wird eine der fundamentalsten Fragestellungen der Rechtsphilosophie angeschnitten. Denn zu allen Zeiten und bei allen Völkern haben Menschen, denkende Menschen darüber nachgesonnen, woher denn eigentlich die erschreckende menschliche Verpflichtungs- und Zwangs- und Strafgewalt stamme. Denn selbst die unter strengster Rechtszucht ausgeübte Gewalt hat noch wenige Menschen glücklich, dagegen viele unglücklich gemacht. Entspringt diese Macht aus dem Volke oder einer Art vorstaatlicher Gemeinschaft oder aus der Mehrheit ihrer Angehörigen? Rührt sie vielleicht von jenen her, die im kritischen Augenblick der Staatswerdung über die nackte Gewalt verfügten oder

---

[6] RR II, S. 10—11; 48 f., 91 f. und 215 ff.; RR I, S. 69 f. Vgl. auch Der soziologische und juristische Staatsbegriff, S. 96 ff. und Die philosophischen Grundlagen... S. 64 f. Zu dieser Problematik auch Pitamic, Die Frage der rechtl. Grundnorm, Festschrift f. A. Verdross, 1960, S. 211 ff.

[7] RR II, S. 219.

[8] RR II, S. 219. Vgl. zu diesem Problem auch Allgemeine Staatslehre, S. 18 f. und Eine „Realistische" und die Reine Rechtslehre, S. 9 ff. Ebenfalls Kunz, op. cit. S. 381.

stammt sie überhaupt nicht von Menschen, sondern vom Himmel? So meinen ja auch die Gastfreunde in Platons „Gesetzen", daß die Gesetzgebung ihrer Staaten ihren Uranfängen nach von einem Gott herkomme[9]. In der mit der Kelsenschen Grundnorm verquickten Problematik liegt aber nicht nur die Grundfrage nach dem Ursprung der Staats- oder Rechtsgewalt, sondern auch die ebenso heikle nach der Begründung ihrer rechtmäßigen Innehabung durch gewisse Menschen begraben. Darum muß hier auch das entscheidende Problem der Grundnorm angegangen werden. Will man nämlich wie die ‚Reine Rechtslehre' rechtswissenschaftlich den letzten Geltungsgrund der Rechtsnormen erschließen und das letztgründige Warum ihrer Verpflichtung ergründen, so muß man sagen und bestimmen, woher diese eigentlich ihre Rechts- und Verpflichtungsmacht und damit ihr innerstes rechtliches Sein empfangen? Es muß also die letzte Wirkursache der Rechtsnorm enthüllt und im Licht der Geschichtlichkeit und des menschheitlichen Zustands die Rechtmäßigkeit ihrer Übertragung und eigentlichen Trägerschaft aufgelichtet werden. Und damit hat es Kelsen, gerade herausgesagt, doch etwas leicht genommen.

Nach ihm kann keine bloße Seinstatsache den Geltungsgrund einer Norm bilden, weil man aus einem nackten Sein kein Sollen folgern kann. Vielmehr läßt sich die Geltung einer Norm nur aus einer andern Norm schöpfen, weshalb man diese im Verhältnis zu jener als höhere Norm anspricht. So kann man die Geltung der zehn Gebote Gottes nicht mit der Tatsache begründen, daß Gott sie auf dem Berge Sinai gegeben hat. Da läßt sich als nicht ausgesprochener, aber vorausgesetzter Geltungsgrund nur die Norm qualifizieren, daß man den Geboten Gottes gehorchen soll. Und diese Norm supponiert ein mit Autorität oder Gewalt ausgestattetes Wesen, Normen zu erlassen, und damit die Gesetzgebungs- oder Rechtssetzungsgewalt. Diese Macht kann aber nur eine zur Normsetzung ermächtigende Norm verleihen, der die Gesetzgebungsbehörde selbst unterworfen ist. Forscht man nun nach dem Geltungsgrund einer Norm, so kann man dieses Suchen nicht ins Unendliche treiben. Es muß bei einer letzten Norm enden, die ihre Geltung von keiner höheren Norm mehr herleitet und von keiner Autorität gesetzt ist. Sie enthüllt sich damit als vorausgesetzt und voraussetzungslos, weshalb man ihren eigenen Geltungsgrund auch nicht mehr in Frage stellen kann, und nimmt sich in Kelsenscher Sicht als Grundnorm aus. Aus ihrer gemeinsamen Quelle schöpfen alle zur selben Ordnung gehörenden Normen ihre Geltung und gestalten sich wegen ihrer Herleitung aus diesem letzten Urgrund zu einem Normensystem und einer gesetzlichen Ordnung aus. Sie verleiht dem Akt des ersten Gesetzgebers und allen übrigen Akten der auf ihm

---

[9] Platons Gesetze, 624 St.

beruhenden Rechtsordnung den Sinn des Sollens, in dem sich im Rechtssatz die Verknüpfung der Rechtsfolge mit der Rechtsbedingung enthüllt. In ihr wurzelt letztlich auch die normative Bedeutung und Tragweite aller die Rechtsordnung bildenden Tatbestände. Ebenso findet auch in ihr die ungeheure Vielfalt der Normen ihre Einheit[10]. Dabei beinhaltet die Grundnorm nichts anderes als die „Einsetzung eines normerzeugenden Tatbestands"[11] und die Ermächtigung eines Wesens zur Rechtssetzung. Sie beschränkt sich also auf die Regelung des Normerlasses und liefert den aus ihr durch die Rechtssetzungsgewalt hervorgehenden Normen keinen Rechtsgehalt. Daher gelten diese nicht wegen ihres Rechtsinhalts, sondern bloß kraft ihres letztlichen Hervorgangs aus der vorausgesetzten Grundnorm und der Gesetzgebungsmacht. Jeder beliebige Inhalt kann somit Recht werden und es läßt sich kein menschliches Verhalten denken, das sich nicht zum Inhalt eines Gesetzes auswachsen könnte. Das kommt daher, weil die Normen und der mit ihnen verbundene Rechtsgehalt nur deshalb gelten, weil eine bestimmte Gewalt sie auf bestimmte Weise erlassen hat. Alles in den Normen verankerte Recht gilt somit nur als gesetztes Recht. „In dieser Notwendigkeit des Gesetztseins und der darin gelegenen Unabhängigkeit seiner Geltung von der Moral und von ihr gleichartigen Normensystemen besteht die Positivität des Rechts; darin der wesentliche Unterschied zwischen dem positiven Recht und dem sogenannten Naturrecht, dessen Normen, so wie die der Moral aus einer Grundnorm deduziert werden, die kraft ihres Inhalts als Ausfluß des göttlichen Willens, der Natur oder der reinen Vernunft für unmittelbar evident gehalten wird"[12]. Man kann deshalb die Normen eines Rechtssystems logisch nicht aus dem Gehalt der Grundnorm herleiten; sie müssen aus einem Setzungsakt hervorgehen, der keinen Denk-, sondern einen bloßen Willensakt bildet und in mannigfacher Gestalt auftreten kann. Und weil sich die Grundnorm als Einsetzung des Grundtatbestandes der Rechtserzeugung ausnimmt, kann man sie auch als Verfassung im rechtslogischen Verstande im Gegensatz zur Verfassung im positiv-rechtlichen Sinn ausdeuten[13]. Doch welches ist nun der Inhalt dieser Grundnorm? Denn als Rechtssatz muß ja diese sonderbare rechtswissenschaftliche Schöpfung auch einen Gehalt aufweisen. Nach Kelsen gestaltet sich die Grundnorm inhaltlich verschieden, je nachdem man vom Primat der Völker- oder der Staatsrechtsordnung ausgeht. Stellt man nur auf diese ab und fragt man nach dem Geltungsgrund einer geschichtlich geworde-

---

[10] RR II, 196 f.; RR I, S. 62 ff.
[11] RR II, S. 199.
[12] RR I, S. 64, vgl. auch Kelsen, Die Idee des Naturrechts, S. 224 f. und Die philosophischen Grundlagen, S. 8—19 und S. 30 ff.
[13] RR I, S. 64 und RR II, S. 202. Allgemeine Staatslehre, Berlin 1925, S. 249 f.

nen ersten Verfassung, so drängt sich die Verbindlichkeit und Geltung dieses staatlichen Grundgesetzes gewissermaßen als logische Voraussetzung auf, wenn man ihr nicht die metarechtliche Autorität Gottes oder der Natur unter die Füße schieben will. Sonst könnte man ja die verfassungsgemäß erlassenen Gesetze und Verordnungen und die nach diesen gesetzten Rechtsakte nicht als gültig ansprechen. Da aber eine Norm ihr Sollen und ihre Geltung nur aus einer andern holen kann, kann dem Staatsgrundgesetz einer solchen Verfassung seine Normativität nur durch die supponierte Grundnorm zuwachsen[14]. Daher mündet die eine solche staatliche Rechtsordnung tragende Grundnorm in den Rechtssatz aus: „Zwangsakte sollen gesetzt werden unter den Bedingungen und auf die Weise, welche die historisch erste Verfassung und die ihr gemäß gesetzten Normen statuieren"[15]. Verkürzt läßt sich dieser Inhalt auch in die prägnante Norm fassen: „Man soll sich so verhalten, wie die Verfassung vorschreibt". Freilich enthüllt sich nun diese so ausgedachte Grundnorm als etwas unvollständig. Da nämlich nur eine schlechthin befolgte Norm oder Rechtsordnung Geltung beanspruchen kann, muß das schon besprochene Element der Wirksamkeit[16] auch noch in die Grundnorm hereingenommen werden. So läuft dann aus der Sicht des Primats der staatlichen Rechtsordnung die Grundnorm auf den schließlichen Satz hinaus: „Man soll der tatsächlich gesetzten, im großen und ganzen wirksamen Verfassung und den dieser gemäß gesetzten und im großen und ganzen wirksamen Normen entsprechen"[17].

Geht man dagegen vom Primat des Völkerrechts aus, so empfängt die ganze einzelstaatliche Rechtsordnung ihr Sollen und ihre Geltung von einem positiven Völkerrechtssatz. Darnach bildet in der Sicht Kelsens „eine Regierung, die, von andern Regierungen unabhängig, die effektive Kontrolle über die Bevölkerung eines bestimmten Gebiets ausübt, die legitime Regierung und das unter einer solchen Regierung auf diesem Gebiet lebende Volk einen Staat", selbst wenn diese Regierung die Macht durch eine Revolution an sich gerissen hat[18]. Ganz einfach gesagt ermächtigt somit das Völkerrecht eine legitime Regierung zum Erlaß einer Zwangsordnung für den territorialen Machtbereich ihrer tatsächlichen Wirksamkeit und stattet sie so mit der Rechtssetzungsmacht aus, womit sich der Staat rechtlich zu einer völkerrechtsunmittelbaren Gemeinschaft auswächst. Wenn nun auf diese Weise der einzelne Staat und seine Rechtsordnung ihr ganzes rechtliches Sein und Wesen aus dem

---

[14] RR II, S. 200 ff.
[15] RR II, S. 203—04.
[16] Vgl. oben I. u. II. Abschn.
[17] RR II, S. 219. Vgl. auch Allgemeine Staatslehre S. 249 ff. und Eine „Realistische" und die Reine Rechtslehre, S. 23 ff.
[18] RR II, S. 221 f.

Völkerrecht holen, woraus schöpft dann dieses seine Existenz und seine Geltung? Denn auch das Völkerrecht kann sich doch sein eigenes Sollen nicht selbst in die Tasche schieben. Es muß ihm ebenfalls von einer Grundnorm zufließen, die einen bestimmten rechtlichen Sachverhalt als rechtserzeugenden Tatbestand qualifiziert. In der Völkergemeinschaft bildet indessen die Staatengewohnheit den großen Legislator. Diese kann sich aber nach Kelsen ihr eigenes Sollen und rechtliches Sein auch nicht aus eigener Machtvollkommenheit zuschieben. Die in ihr enthaltenen Normen können deshalb nur dann als verbindliches Völkerrecht gedeutet werden, wenn die vorausgesetzte Grundnorm ihr die Rechtssetzungsmacht verleiht. Dabei besagt diese Grundnorm bloß, daß „Zwang von Staat gegen Staat unter den Bedingungen und in der Weise geübt werden soll, wie es einer gegebenen Staatengewohnheit entspricht"[19]. Mit diesem Gehalt nimmt sich dann die Grundnorm als eigentliche rechtslogische Verfassung des Völkerrechts aus, während der gewohnheitsrechtliche Völkerrechtsgrundsatz „Pacta sunt servanda" den Sollens- und Geltungsgrund für das Vertragsvölkerrecht abgibt[20].

III. Ist nun mit diesen kurzen Andeutungen der Rechtsgehalt der Grundnorm aus der Kelsenschen Anschauung heraus umschrieben, was bedeutet dann diese selbst in ihrem eigentlichen Seins- und Wesenskern? Bildet sie überhaupt eine Norm und enthält sie etwas Willentliches, da ja nach Kelsen jede Norm einen Willensakt supponiert und damit ein willensmäßiges Grundelement voraussetzt? Gestaltet sie sich vielleicht zu etwas rein Verstandhaftem, das aus der Welt des echt Normativen und Gesetzhaften vollständig herausfällt? Aber dann wird sie zur reinen menschlichen Erfindung, wenn sie nicht irgendwie in der Seinswelt verankert und in deren Wirklichkeitsgrund gewissermaßen angelegt ist, so daß sie zu ihrer umfassenden Kenntnis von der Weisheit der Menschen bloß entdeckt und ins Bewußtsein gehoben werden müßte. Ist sie schließlich etwas für den Geist des Menschen so Einleuchtendes und Zwingendes, daß sie seinem Geist- und Willensgrund sozusagen eingeschrieben ist, und er sich ihrer ohne eigentliche seelische Verdrängung überhaupt nicht entledigen kann? Man muß bei Kelsen schon genau zusehen, um hinter das innerste Sein dieses sonderbaren Gebildes zu kommen, an dem ja geradezu die ganze Rechtsordnung der Welt hängt. Zum vornherein hätte man sich eine etwas habhaftere und sich mit viel größerer Wucht aufdrängende Erscheinung gewünscht, um die Grundlage für etwas so

---

[19] RR II, S. 222.
[20] RR II, S. 221 ff. und 330 ff.; RR I, 70 ff., 83 ff., 129 ff. und 134 ff. und Allgemeine Staatslehre, S. 126 ff. Zur Frage der Grundnorm auch R. L. Bindschedler, Zum Problem der Grundnorm, in Völkerrecht und rechtliches Weltbild, Festschrift f. A. Verdross 1960, S. 67 f. u. 70 ff. Pitamic, Die Frage der rechtlichen Grundnorm, ibidem, S. 209 ff.

Bedeutungsvolles und Erhabenes abzugeben. Aber vielleicht entgeht unserer geistigen Ohnmacht und Verständnislosigkeit bloß die Einsicht für die Größe und Tragweite dieser fundamentalen rechtswissenschaftlichen Erfindung. Doch suchen wir nun den eigentlichen Wesenskern der Kelsenschen Grundnorm herauszuschälen!

Zunächst meint und besagt diese keinen das positive Recht übersteigenden Wert. Man flieht also mit ihr nicht aus dem Raum der positiven Rechtswelt, um diese in einem überragenden Gut oder einer außerrechtlichen Autorität zu verankern und zu verfestigen. Denn der im Positivismus befangene Jurist greift zur Erklärung des positiven Rechts natürlich nicht weiter als auf die nackte Voraussetzung der Grundnorm zurück. Und dieses rechtswissenschaftlich supponierte Rechtsgesetz erschließt ihm von der ersten geschichtlichen Verfassung bis zum alltäglichen und einfachsten Urteil oder Verwaltungsakt den juristischen Sinn alles im geschichtlichen Verlauf aufgehäuften Rechtsstoffes zur Genüge. Zu der von ihr getragenen und sich in Gewohnheit oder Satzung enthüllenden Verfassung und dem aus dieser hervorgehenden Recht steckt nun allerdings die Grundnorm in einer Art Kausalverhältnis, weil sich das Verfassungsgesetz und das übrige staatliche Recht mit all seinen Normen und den aus diesen fließenden Rechtsverhältnissen nur aus ihr heraus als etwas Gesolltes und Normatives deuten lassen. Sie schöpfen daher ihren eigentlichen rechtlichen Seins- und Wesensbestand aus ihr, weshalb sich diese zu ihrer wahren Wirkursache auswächst. Kelsen sieht indessen in ihr vielmehr die „transdental-logische Bedingung"[21] für die Deutung des verfassunggebenden Tatbestands und der verfassungsgemäß gesetzten Sachverhalte als Rechtsnormen. So wird mit ihr der Gedanke der Gesetzlichkeit selbst gesetzt, weil man ohne sie jegliche Normativität aufhöbe und das ganze als bloßes Sein sich kundgebende Rechtsmaterial der juristischen Sinnlosigkeit überantwortete. Die Bestimmung der Grundnorm erschöpft sich somit in der Begründung und letztlichen Schöpfung jeder objektiven Geltung einer positiven Rechtsordnung. Dabei läßt sich ihr Dasein durch keinen Beweis ergründen und rechtfertigen. Ihr Wesen gibt sich vielmehr gerade in ihrer Unbeweisbarkeit kund. Sie kann deshalb bloß vorausgesetzt, aber nicht gewollt werden und schöpft so ihre problematische Existenz aus keinem Willen eines Wesens oder gar der Rechtswissenschaft. Sonst wüchsen sich ja diese zur Grundlage der Rechtsordnung aus. Und weil nun die Grundnorm in ihrer Grundlosigkeit alles übrige Rechtliche begründen

---

[21] RR II, S. 205. Zur Lehre von der Grundnorm vgl. übrigens auch H. Kimmel, op. cit. S. 293, der die hypothetische Grundnorm als „den von der Brandung der Diskussion und der Polemik umbrausten Nullpunkt des ganzen Systems" bezeichnet. Zur Problematik der Grundnorm vgl. übrigens auch Kunz, op. cit. S. 389 f.

muß, spricht sie Kelsen auch nur als bloß gedachte Norm an. Sie bildet damit etwas bloß Verstandhaftes und aus rechtswissenschaftlicher Erkenntnis Geschöpftes und fristet nur ein nacktes logisches Dasein. Weiter hat sie selbst auch keinen Grund und enthüllt sich daher als grund- und voraussetzungslos. Und da aus ihr wie aus einem Urquell alles rechtliche Sollen und alles Gesetzliche und Normative fließt, da sie weiter selbst bloß den letztgründigen rechtlichen Hervorgang des Rechts aus sich selbst besagt, nimmt sie sich zugleich als die absoluteste und relativste rechtliche Schöpfermacht aus. Absolut ist sie in ihrer stets das Recht aus dem Nichts ins Dasein führenden Zeugungsgewalt und relativ in ihrer das ungerechteste und erschreckendste gesetzliche Sollen in Recht verwandelnden Kunst. Sie vermag also in der Vollkommenheit ihrer schrankenlosen Schöpfergewalt eine in einer Norm sich enthüllende Anordnung und ihr genaues Gegenteil zu ebenso gültigem Recht zu erheben, mag Kelsen auch den Satz des Widerspruchs als mit ihr selbst gesetzt erklären. Diese Konsequenz drängt sich jedenfalls rundweg auf, wenn man die eigentliche Grundnorm in den Völkerrechtsbereich verlegt. Sie vermag somit aus sich selbst die schroffsten Widersprüche zu zeugen und muß sich daher zu einer Art normativen Selbstwiderspruchs entwickeln. Wegen ihrer rechtswissenschaftlichen Vorausgesetztheit fristet sie auch ein rein hypothetisches Dasein, weshalb sie Kelsen in mancher seiner Schriften als hypothetische Grundnorm bezeichnete. Schließlich vermag sie durch ihren wirkursächlichen Bezug zu allen Rechtserscheinungen trotz ihrer innern Widersprüchlichkeit eine Art Einheitsgrund für die ganze Rechtsordnung abzugeben und gestaltet sich so zur letzten Grundlage der geistigen Welt des ganzen Kelsenschen Normensystems.

IV. Damit ist in kurzen Zügen der Kerngehalt der Grundnorm aufgezeigt, soweit sich ihr Wesen und ihre Tragweite aus den Kelsenschen Darlegungen, Erklärungen und Auseinandersetzungen heraustüfteln läßt. Freilich bliebe nun noch der Zweck der Rechtsnorm an sich zu ergründen. Denn mit seiner kausalen Exemplarität ist ja das Gesetz seiner ganzen Anlage nach in eine Zielhaftigkeit hineingebettet, die sich außerhalb seines formalen und materiellen Seinsbestandes findet und der es sich nicht entwinden kann. Da sich in jeder Anordnung einer Rechtsnorm ein gesetzgeberisches Handeln enthüllt und alles menschliche Handeln ein außerhalb seiner selbst liegendes Ziel erstrebt, sind auch alle Rechtsnormen mit ihrem Rechtsinhalt in ganz bestimmte Zwecke hineingespannt. In der sogenannten „ratio legis" spricht sich ja auch der letztlich entscheidende Sinn einer gesetzlichen Anordnung aus, weil eben der endgültige Normgehalt vom Gesetzeszweck her erschlossen werden muß. Im gesetzgeberischen Bereich überragt nämlich die Ursächlichkeit des Zweckes alle übrige Ursächlichkeit, weshalb man den Zweck auch als die Ursache aller Ursachen des gesetzlichen Rechtsinhalts ansprechen kann.

Wie steht es nun aber in der Reinen Rechtslehre mit dem alle normative Vorbildlichkeit bestimmenden Gesetzeszweck? Darüber hat sich Kelsen weder in der ersten noch in der zweiten deutschen Ausgabe der „Reinen Rechtslehre" mit hinreichender Klarheit geäußert, wenn er auch die Zweckbetrachtung rundweg ausschließt[22]. Man muß auf die „Hauptprobleme der Staatsrechtslehre" zurückgreifen, um sich in diesem Problemkreis über seine Anschauung etwas zurechtzufinden. Und da verstrickt sich nun Kelsen aus der Sicht eines vollendeten Deterministen heraus in eine verständliche, wenn auch aller Wirklichkeit spottende Identifikation der Zweck- mit der Wirkursache. Denn was ist begreiflicher, als daß ein Determinist im ganzen Welt- und Seinsgefüge alle Zielhaftigkeit und Zweckursächlichekeit und -gebundenheit negieren muß! Nimmt doch die alles überschattende Kausalität der Zweckursache in der auf Werden und Bewegung angelegten Seinsordnung die im Wesen des Geistes sich enthüllende Freiheit vorweg. So läßt sich dann aus der metaphysischen Schau der Zweckursächlichkeit für eine Weltanschauung kein Determinismus mehr ausklügeln[23]. Die causa finalis supponiert eben den Geist, und der Geist birgt in seinem Wesen die wunderbare Seinsanlage der Freiheit. Was meint aber nun Kelsen über die Zweckbedingtheit der rechtlichen Gesetzlichkeit? Nach ihm bildet der Zweck die Vorstellung eines künftigen zu bewirkenden Erfolgs, das Ziel des Willens oder eine gedanklich vorausgenommene Wirkung, während sich die zur Verwirklichung des Erfolgs erforderlichen Außenweltveränderungen als ledigliche Mittel ausnehmen. Nun gehören aber alle Teleologie und Kausalität zusammen. Denn die teleologische Verbindung von Mittel und Zweck und die Verknüpfung von Ursache und Wirkung enthalten nichts Unterschiedliches, sondern gestalten sich zur selben bloß unter verschiedenen Gesichtswinkeln betrachteten Beziehung. Immer läßt sich das Verhältnis von Mittel und Zweck auf die bloße Wirkursächlichkeit zurückführen. Nimmt man nämlich in der geistigen Vorstellung die Wirkung vorweg, so scheint sie als Zweck und die Usache als Mittel auf. Niemals schließen sich aber die beiden bloß scheinbar verschiedenen Kausalitäten aus. Ja, der Zweckgrundsatz ist ganz an die Gültigkeit der Kausalität gebunden. Beide erklären und erschließen bloß das Geschehen der Seinswelt und stillen die auf die geistige Erfassung der Dinge erpichte menschliche Wissensbegier in gleicher Weise. Daher entspringen der Zweck und die Kausalität bloß zwei logisch unterschiedlichen Aspekten bei der Anwendung des Satzes vom Grunde. Und

---
[22] RR I, S. 32 f.
[23] Vgl. diesbezüglich auch Stammler, Wirtschaft und Recht, 2. Aufl. 1906, S. 344.

da beide Betrachtungsarten nur Erkenntnis der Seinswelt vermitteln, findet sich das nur das Sein erfassende und erklärende teleologische Denken in einem schroffen Gegensatz zu der das bloße Sollen umspannenden normativen Betrachtung. Wohl gestaltet sich das Zweckhafte zu etwas Gewolltem. Doch bildet es damit noch kein Gesolltes, weil eben das eigentliche Zweckhafte kein Sollen enthält, weshalb es nicht ins Normative eingehen kann. Ebensowenig vermag die Norm selbst einen Zweck zu setzen, weil ihr jeglicher Wille abgeht. Wenn sie auch einen Willensinhalt aufweist, so erstrebt doch nicht die Norm, sondern ein hinter der Norm stehender Wille damit einen Zweck, weshalb sich lediglich das gesollte Verhalten als ihr Zweck enthüllt. Dieses ist indessen etwas rein Seinsmäßiges und Tatsächliches und hebt sich damit von dem durch die Norm ausgedrückten Sollen aufs entschiedenste ab. Spricht man nun in zweckursächlicher Sicht den in der Norm enthaltenen Sollensgehalt als bezweckt an, so decken sich unter diesem Aspekt die Rechtssätze mit den Religions- und Sittlichkeitsnormen. Durch ihren Sollensgehalt lassen sich somit diese Normkategorien nicht auseinanderhalten. Ein anderes Kriterium muß sie daher voneinander scheiden. Und das ist die Sollensform oder die Art und Weise, in der die Norm das Sollen setzt. Nur das in die Rechtsgestalt und -form eingegangene Sollen wächst sich damit zum faßbaren und erheblichen rechtlichen Normativen aus und entscheidet über die wahre und allein gangbare Methode der Rechtswissenschaft. So findet sich der juristische Geist wieder vor der Nacktheit des reinen formalen rechtlichen Sollens, das sich als nicht weiter erklärliches, unrückführbares und fragloses Apriori enthüllt und den ganzen Wesensgehalt des Juristischen und Gesetzlichen in seiner Form verschlingt[24]. Im unübersehbaren Seins- und Kausalitätsbereich verschwindet dagegen die causa finalis in der Wirkursache, und im rechtlichen Sollensbereich versenkt sie Kelsen bedenkenlos im gesollten Verhalten und damit im Gehalt der Rechtsnorm, wobei er jeder Betrachtung und Verarbeitung des Zweckgedankens im immensen Feld der Rechtseinrichtungen als einer politischen und soziologischen Angelegenheit die Tür weist.

---

[24] Hauptprobleme der Staatsrechtslehre, S. 58—71. Vgl. auch Allgemeine Staatslehre, S. 39 ff., wo das Problem des Rechtszweckes von einem andern Aspekt her angeschnitten wird. Vgl. auch Marck S., op. cit. S. 8—10.

Viertes Kapitel

Kritik der Kelsenschen Anschauung über die Rechtsnorm

Durch diese eingehenden Erörterungen ist die Kelsensche Anschauung über die Rechtsnorm mit ihrer verhältnismäßigen Vielseitigkeit ziemlich abschließend gezeichnet. Und nun zur Kritik dieser Lehre! Dazu ließe sich vieles sagen. Denn die Rechtsnormentheorie Kelsens mit ihrer blendenden Logik enthält eine ganze Reihe fundamentaler Irrtümer, mag man Kelsens Rechtsanschauung und -philosophie auch immer noch in vielen Kreisen als haltbares Lehrsystem preisen.

I. Wenn wir uns nun an diese kritische Würdigung wagen, so könnten wir zunächst den erschreckenden Rechtsrelativismus geißeln, von dem die Kelsensche Anschauung durchtränkt ist[1]. Dabei wäre der Selsbtwiderspruch bloßzulegen, mit dem dieser juristische Relativismus wie jeder andere behaftet ist. Denn wer behauptet, es gebe keine inhaltlich unveränderliche und der Vernunft selbst einleuchtende Rechtsprinzipien und Rechtserkenntnis, verficht zumindest den unumstößlichen Grundsatz, daß es keine solche inhaltlich unveränderliche Rechtsprinzipien gibt. Genauso steht es mit dem Skeptiker. Wenn sich dieser recht vornehm zur Aussage versteigt, es sei an allem zu zweifeln, so verfängt er sich im unentwirrbaren Knäuel eines Selbstwiderspruchs. Denn er verstrickt sich damit in die unverrückbare Behauptung, es sei wenigstens daran nicht zu zweifeln, daß an allem zu zweifeln sei, wobei er noch das unumstößliche Geständnis vorausnimmt, daß er als Zweifelnder existiert. Ebenso verunmöglicht er sich jede schlechthinnige Aussage und jede Lehre. Ganz ähnlich verhält es sich mit dem juristischen Relativisten, der aus der geistigen Ohnmacht seines Relativismus heraus keinen seiner eigenen Vernunft und seinem Gewissen unmittelbar einleuchtenden Rechtsgrundsatz mehr verfechten kann und sich damit von jeder wahren Rechtslehre und -wissenschaft abschnürt. Wer sich mit der Aussage brüstet, es bestünden keine dem menschlichen Geist einleuchtenden Kriterien zur Unterscheidung von Recht und Unrecht, der versteigt sich zugleich zur Behauptung, daß es in diesem Aeon weder Recht noch Unrecht gibt und verlegt sich damit jeglichen Weg zur Rechtswissenschaft.

---

[1] Vgl. die glanzvollen Ausführungen von M. Gutzwiller in seinem Aufsatz „Was ist Gerechtigkeit", S. 399, 401, 405 ff. und 409 ff.

Denn diese ist ja in ihrem innersten Wesenskern auf die Unterscheidung von Recht und Unrecht und nicht etwa in erster Linie auf den Traum eines mit unzulänglichen Geistesmitteln zurecht gezimmerten einheitlichen Rechtsbildes angelegt. So strebt auch jegliche praktische Wissenschaft ihrer geistigen Anlage nach zur Unterscheidung zwischen richtigem und unrichtigem und gutem und bösem Handeln, genauso wie jede spekulative und theoretische Wissenschaft auf die Erkenntnis des Wahren und Falschen ausgerichtet ist. Doch lassen wir uns von diesen rechtswissenschaftlichen Bekenntnissen zum juristischen Relativismus nicht betören! In Wahrheit haben es seine Adepten mit ihrem Relativismus nie sehr ernst genommen. Seien sie nämlich Neukantianer, Neupositivisten, Idealisten oder gar Logistiker, an einem Grundübel kranken sie alle. Sie sind unverwüstliche Voluntaristen und Nominalisten. Nominalisten sind sie, weil sie das Wesen des Rechts ins rein Formale verschieben, wobei sich die Bedeutung des Rechtsinhalts unter der Decke der Form gewissermaßen verflüchtigt[2]. Voluntaristen sind sie, weil sie sich fast immer in einer Art latenter geistiger Abdikation nicht etwa vor einer geistigen Macht — denn das ließe sich noch hören — sondern vor der Staatsmacht und dem Staatswillen finden. In diese verlarvte Abdikation vor dem Staatswillen muß sich schließlich ebenfalls Kelsen mit seiner Theorie über die Grundnorm schicken, wenn er auch wegen der schrecklichen und erbarmungslosen Macht des Nationalsozialismus leiden mußte und eine jeglicher Ideologie entleerte Rechtslehre erstrebt. Und das ist auch verständlich. Denn diese mit soviel Scharfsinn aufgezogene und falsch verstandene Ideologiefreiheit artet in eine wahre Geist- und Sinnenentleerung der Rechtslehre aus. Übrigens könnte man allen Eiferern der Reinen Rechtslehre entgegenhalten, daß sie mit ihrem so hartnäckigen Verfechten einer angeblich ideologiefreien Rechtslehre einer Ideologie der Ideologiefreiheit oder des Relativismus verfallen. In Wirklichkeit verteidigen sie aber eine vollendete Offenheit und Aufnahmebereitschaft der Rechtslehre und -wissenschaft gegenüber jedem von der Staatsmacht erlassenen Recht, mag sich dieses für einen unverdorbenen Geist auch als bares Unrecht ausnehmen. Dem immer auf Erkenntnis des Wahren und Falschen und des Rechts und Unrechts angelegten menschlichen Geist bindet man dabei die haltlose Flucht in die Wertfreiheit der Rechtsphilosophie und Rechtswissenschaft auf, wobei man die so ausgeklügelten Lehren als Anfang und Ende aller Wissenschaftlichkeit preist. Gießt aber die Staatsmacht durch ihre Gesetzgeber die unerträglichsten Ideologien in ihre Rechtserlasse, dann werden diese im Licht der Reinen Rechtslehre zu Recht, als ob die Kläglichkeit der äußeren Gesetzform am innern Wesensbestande einer Ungerechtigkeit etwas zu ändern vermöchte. Mag man

---

[2] Vgl. v. Hippel, E., Das Recht auf dem Grunde des Universalienstreites in „Mechanisches und moralisches Rechtsdenken", Meisenheim 1959, S. 91 ff.

ungerechtes Recht auch mit dem Mantel eines Gesetzes oder Urteils umkleiden, es bleibt Unrecht, wenn dieses aus dem innern Seinsbestand der Maßnahme fließt. In seinem aufschlußreichen Versuch „Allgemeine Rechtslehre im Lichte materialistischer Geschichtsauffassung" hat übrigens Kelsen selbst nachgewiesen, daß sich seine Lehren für die Aufnahme eines marxistischen Rechts — abgesehen von der marxistischen Ideologie natürlich, mit welcher der kommunistische Gesetzgeber das von ihm erlassene Recht ausfüllen kann, womit sich eben die von jeder Ideologie gereinigte Rechtswissenschaft nach Kelsenscher Lehre abzufinden hat — viel besser eigne, als die mancher kommunistischer Juristen, die noch in überholten Lehren der bürgerlichen Rechtswissenschaft über das objektive und subjektive Recht, die Rechtssubjektivität der menschlichen Person, die Persönlichkeitsrechte, das Privateigentum und so weiter stecken. Aber all diese für einen vollendeten Relativismus und Skeptizismus zurecht geschnittenen Lehren enthüllen sich letztlich als unglückliche Ausläufer einer dem Kantischen Idealismus entfließenden Anschauung. Denn ein im philosophischen Idealismus befangener Jurist kann sich beim Aufbau seiner Rechtswelt aus der damit verquickten Problematik nicht anders retten, als sich in eine unbarmherzige Rechtslogik und in einen schrankenlosen Voluntarismus zu stürzen. Da nämlich sein Geist die Dinge an sich nicht zu erkennen vermag und an ihren bloßen Erscheinungen haftenbleibt, findet er sich gegenüber der Erkenntnis des Rechtsgegenstands — denn um diesen geht es ja bei allen Rechten, Rechtsverhältnissen und Pflichten und bei jeglicher Rechts- und Normerkenntnis — zum vornherein in einer Art geistiger Ohnmacht. Die vollkommene erkenntnismäßige Erfassung des Rechtsgegenstands supponiert eben ein tieferes Eindringen in seine innere aus den Verhältnissen selbst fließende rechtliche Seins- und Wesensstruktur und seine weitere geistige Sicht aus einer auf große Zwecke und Ziele angelegten Ordnung. Weil ihm nun aber von seinem idealistischen Standort her die Erkenntnis der im Rechtsobjekt sich kristallierenden Verhältnisse an sich abgeht, muß er sich den aus seiner bloßen geistigen Anschauung herausgebildeten Grundbegriffen mit ihrem System und dessen blinder Logik verschreiben. Mit dieser eine tiefere Seinserfassung der Rechtsverhältnisse ersetzenden Logik gewinnt sein Geist im bunten Gewimmel der äußeren Erscheinungen Halt und Sicherheit. Aus der gleichen Erkenntnisohnmacht heraus fühlt sich aber der idealistisch denkende Jurist noch in eine andere geistige Haltung gedrängt. Da die Rechtsverhältnisse seinem Geist ihr inneres Sein und das in ihnen wesende Gerechte nicht zu enthüllen vermögen, so muß er sich an die von der Staatsmacht und -gewalt erlassenen Gesetze klammern. Sie liefern seiner Logik das Rüstzeug der einzelnen Rechtsgrundsätze, mit dem er die Lösung der vielgestaltigen Rechtsprobleme zu bewältigen vermag. Doch kann er wegen seiner Ohnmacht nicht nach dem tieferen Warum der grundlegenden

Rechtssätze fragen, weil eben sein Erkennen das im Wesen der Rechte und Rechtsverhältnisse selbst angelegte Gerechte und Vernünftige nicht zu ergründen vermag. Sein Erkenntnisstreben muß sich so dem staatlichen Willen überantworten und in einem schrankenlosen, durch nichts gedämpften Voluntarismus enden.

Weiter ließe sich auch die erstaunliche Sinnentleerung schon besprochener fundamentaler juristischer Grundbegriffe und die bedenkliche Tatsache beanstanden, daß der Zwang im Kelsenschen Normbegriff als entscheidendstes Bestandstück erscheint. Doch träfen wir mit all dieser Kritik nicht einmal das Grundlegendste und Wesentlichste an der Kelsenschen Lehre über das Recht, sondern verlören uns in eine kritische Durchleuchtung bloßer Folgeerscheinungen. Wir würden uns so wie ein Arzt gebärden, der sich mit seiner Heilkunst an die Wirkungen einer Erkrankung heranmacht und dabei den Krankheitserreger oder die Ursache vollständig übersieht. Doch wie stellen wir es nun an, um hinter den Kernpunkt der Kelsenschen Anschauung über die Rechtsnorm zu kommen? Beginnen wir dort, wo Kelsen in seinen Hauptproblemen der Staatsrechtslehre selbst begonnen hat, nämlich beim Sollen!

II. Wie schon betont, qualifiziert Kelsen dieses für die neukantische Rechtsphilosophie immer ein Geheimnis gebliebene Etwas als eine dem menschlichen Bewußtsein unmittelbar gegebene eigenständige Denkform, die sich aufs entschiedenste vom Sein abhebt, aber sich als ebenso urhaftes Denkgebilde wie dieses ausnimmt. Und da es keinen aus der Wirklichkeit abgezogenen Begriff, sondern bloß ein aus dem menschlichen Geist herausgeformtes rein verstandhaftes Etwas bildet, gestaltet es sich auch zu einer rein „apriorischen Kategorie zur Erfassung des empirischen Rechtsmaterials"[3]. Selbstverständlich enthüllt sich nun diese Auffassung des Sollens als im kantischen Sinne transzendental, weil sie jeder schlechthinnigen Erfahrung und jeglicher Erfassung von etwas Norm- oder Gesetzhaftem vorliegt. Ja, aus dieser apriorischen Erkenntnis heraus gestaltet Kelsen gerade die geistige Durchdringung und Auflichtung der Rechtsnorm. Daher wird der Gehalt des Rechts in vollständigem Absehen von seinem Wirklichkeitsbestand durch diese Denkform auch buchstäblich aufgesogen. Ferner bildet Kelsen aus dem reinen Wesen dieses rechtlichen Sollens ebenfalls alle grundlegenden Begriffe der in den geltenden Rechtsordnungen angelegten juristischen Wirklichkeiten, so daß sich in diesem ursprünglichen Denkmodus alle fundamentalen Rechtserscheinungen gewissermaßen eingefangen finden. So vereinfacht sich dann anscheinend die geistige Schau der vielgestaltigen gegenständlichen Rechtswelt. Daß die Rechtserkenntnis und -wissen-

---

[3] RR I, S. 23/4.

schaft mit diesem Verfahren auch eigentlich schöpferisch und im neukantischen Sinn echt idealistisch wird, unterliegt nicht dem geringsten Zweifel. Aus der ureigenen Denkform des Sollens zeugt sie sich nämlich durch unermüdliches Forschen aus dem brachliegenden und ungeformten Rechtsmaterial nicht nur den eigentlichen wissenschaftlichen Gegenstand, sondern zimmert sich ein ganzes Begriffssystem zusammen, dem nur eines abgeht, ein der wahren Wirklichkeit entsprechendes Abbild zu sein. Weiter erschöpft sich dann die so gewonnene juristische Erkenntnis auch im rein Formalen, da sich ja die transzendentalen Rechtsbegriffe als eigentliche vor jeder Erfahrung bestehende Formen des reinen Rechtsdenkens enthüllen und die Wirklichkeit nicht abzubilden vermögen. Daher bestürzt denn auch die reine Rechtslehre, die nur Rechtswesen- und Rechtsformlehre sein und in allem Rechtlichen nur jeglichen Inhalts entblößtes formales Sollen erfassen will, durch ihre Inhaltsleere und das Pathos ihrer auf diese bloßen rationalen Formwerte eigeengte Methode. Sie wird so aus dem erkenntnistheoretischen Idealismus herausgewachsener Formalismus, nach dem „die Jurisprudenz die Form und nur die Form zu erfassen hat und konsequenterweise in die Rechtsbegriffe keine andern als formale Elemente aufnehmen darf"[4]. Diese erkenntnistheoretische Grundhaltung Kelsens muß man im Auge behalten, wenn man dem eigenen Geiste seine oft fremdartige und doch wiederum durch ihre bestehende Logik verführerische Lehre näherbringen will[5].

III. Qualifiziert nun aber Kelsen das Sollen als eine ursprüngliche, dem Bewußtsein unmittelbar gegebene Denkform, die weder Sein hat, noch in der Gleichgültigkeit des Nichtsseins verharrt[6], so findet er sich damit bereits in einem bedenklichen Irrtum. Denn so stünde das Sollen zwischen dem Sein und dem Nichts im Abgrund der nackten Möglichkeit. Offenbar wäre nun aber mit dieser bloß die rein logische Möglichkeit gemeint, die sich als lediglich gedankliches Maß eines Seinkönnenden ausnimmt. Aus dieser Sicht heraus verfinge sich aber die Reine Rechtslehre in ihrem Uranfang in einem flagranten Selbstwiderspruch. Ist nämlich die Rechtsnorm wahrhaft reines Sollen und reduziert sich dieses auf eine nackte verstandhafte oder gar eine wirkliche Möglichkeit, so würde es in sich den seinsnotwendigen und wesenhaften Drang zum Nichtsein des eigenen Sollens und des Normativen hegen, was einen voll-

---

[4] Hauptprobleme, S. 92.
[5] Vgl. L. M. Schaller, Der Rechtsformalismus Kelsens und die thomistische Rechtsphilosophie, Freiburg 1949, S. 11—20; R. Marcic, Reine Rechtslehre und klassische Rechtsontologie, S. 399 ff.; J. B. Lotz, Die transzendentale Methode in Kants „Kritik der reinen Vernunft" und in der Scholastik, Pull. Philos. Forschungen Bd. I, S. 46 ff.
[6] Vgl. oben II. Kap., III.

endeten Selbstwiderspruch involviert. Es würde damit in eine bloße unendliche Möglichkeit ausarten, die aber nie zur eigentlichen Wirklichkeit des Sollens gelänge, sondern erst durch eine andere Wirklichkeit ins Dasein der Rechtsnorm überführt werden müßte. Rundweg herausgesagt wäre es unendlich mögliches, aber nie wirkliches Sollen und Recht. Doch lassen wir das! Denn das im tiefsten Sinn Seiende hat ja die Reine Rechtslehre mit ihrem Idealismus nie in Verlegenheit gebracht. In Wahrheit enthüllt sich aber das Kelsensche Sollen zumindest als ein ens rationis und türmte es sich gar zu einer unmittelbaren Denkform des Geistes auf, so würde es zu einer buchstäblichen Eigenheit des Geistes, womit es im Widerspruch zu allen apodiktischen Zusicherungen der Reinen Rechtslehre vom Sein herkäme und sich als eine Art eingeborener platonischer Idee ausnähme. Wenn indessen Kelsen mit Simmel — denn seine so widersprüchliche Anschauung über das Sollen hat Kelsen offenbar aus der Einleitung in die Moralwissenschaft des Neukantianers Simmel geholt[7] — das Sollen gewissermaßen zwischen Sein und Nichtsein verlegt, so meint er vielleicht das Gesollte, das sich als zu verwirklichendes im Möglichkeitszustand finden mag, wenn man vom Dasein seiner Gesolltheit absieht. Das Sollen hebt sich aber ganz entschieden vom Gesollten ab. Ebensowenig bildet das Sollen einen so urhaften Begriff wie das Sein, so daß es in keiner Definition untergebracht werden könnte. Denn jedes Erklär- und Definierbare muß in seinem Wesensbestande durch Bekannteres bestimmt und erschlossen werden. Etwas Fundamentaleres und Bekannteres und dem Geist Einleuchtenderes als das Seiende gibt es nun freilich nicht. Die definitorische Erklärung und Auflichtung alles Übrigen muß ja auf die Unverbrüchlichkeit des Seinsbegriffs zurückgeführt werden und supponiert ihn daher. Außerdem erfolgt jede Begriffsbestimmung durch die Gattung und den Artunterschied. Über dem Sein läßt sich nun keine Gattung finden, der man es einzuordnen vermöchte. Man kann es daher einigermaßen nur im uneigentlichen Sinn erschließen, indem man es in den Untergrund seines Wesens und die diesen Untergrund bestimmende Form des Daseins zerlegt. Mit dem Sollen steht es aber keineswegs so. Denn nach Kelsen selbst gibt es verschiedene Sollensarten, für die man alle das genus proximum entdecken kann, um sie nachher mit der differentia specifica und mit der Wirk- und Zweckursache zu erklären und zu ergründen. Gegenüber dem in der deutschen Rechtsphilosophie herumirrenden Gebilde des Sollens hat sich schon genug Ratlosigkeit gesammelt, ohne daß man es schließlich noch dem Mythus seiner Undefinierbarkeit überantworten muß. Bildete aber nun das Sollen etwas für den menschlichen Geist so Ursprüngliches wie das Sein, so müßte es sich gewissermaßen in

---

[7] Vgl. Kelsen, Hauptprobleme S. 7 ff. und Simmel, G., Einleitung in die Moralwissenschaft, Stuttgart und Berlin 1911, S. 8 ff.

der Heimat der Transzendentalien einnisten und zu einer eigentlichen Seinseigenschaft wie das Eine, das Etwas, das Wahre und das Gute und damit zu einer buchstäblichen Seinsfolge auswachsen. Dagegen muß sich aber die Kelsensche Rechtslehre in der Makellosigkeit ihrer Reinheit sträuben, weil sie ja zwischen den beiden Welten des Seins und des Sollens ein unübersteigbares Vakuum entdeckt oder gelegt hat. Auf solche Weise müßte übrigens das Wesen des Sollens in der Seinsmetaphysik erörtert und erschlossen werden. Wie dem auch sei, das Kelsensche Sollen ist bereits in seinem ersten kaum durchdachten Entwurf ein höchst problematisches Denkgebilde.

In seiner zweiten Ausgabe der Reinen Rechtslehre[8] scheint ihm nun Kelsen allerdings etwas mehr Wirklichkeit zuzudenken, wenn er es als Sinn gewisser intentional auf das Verhalten anderer gerichteter menschlicher Akte anspricht. Damit scheint er das Sollen doch zu einer an einem seelischen Seinsvorgang haftenden Eigenschaft ausdeuten zu wollen. Kann es sich nämlich als Sinn nur an ganz besonders geartete menschliche Willensakte heften, so muß es sich zu diesen in einem ganz bestimmten Bezug finden. Sie gestalten sich dann zum seinshaften Untergrund, an dem das eigentliche Sollen Wirklichkeit zu werden vermag. Damit verschmilzt es sich mit diesen zu einer Art einheitlichen Wesens, wenn es sich selbst nicht in seiner bloßen Eigenschaftsnatur erschöpft. So muß es aber sein ganzes Gehaben als nackte aus dem Geist herausgebildete Schöpfung oder als reine Denkform verlieren und sich am Ende noch in außerverstandliches Sein verwandeln. Vielleicht nimmt es sich auch als lediglche Folge oder Wirkung der angedeuteten Willensakte aus. Dann bildet es aber ein ganz anderes Seinsgebilde als diese. Jedenfalls verstrickt man sich mit einer solchen transzendentalen und idealistischen Konzeption des Sollens bereits in ihren versuchsweisen Anfängen in kaum entwirrbare Widersprüche. Symptomatisch ist aber noch, daß Kelsen den Sinngehalt des Sollens — rein subjektiv gesprochen — auch dem Befehl eines Straßenräubers an sein Opfer zuteilt[9], obwohl ja diesem räuberischen Willensakt ein eigentliches Sollen auch nicht im geringsten eignet und weder vom Opfer noch von seinem Bedränger als solches empfunden wird. Die im Gesetz und im Befehl des Straßenräubers virtuell enthaltenen Sollensarten sind indessen zwei grundverschiedene Dinge. In diesem enthüllt sich die Nötigung des freiheitvernichtenden Zwanges, in jenem die zur sittlichen Vollendung des Normunterworfenen drängende und die Freiheit bewahrende Nötigung des im Gesetzeszweck sich kundgebenden Guten. Bezeichnend ist nun allerdings, daß Kelsen den Unterschied zwischen beiden als Sollen angesprochenen

---

[8] S. 4 ff.
[9] RR II, S. 45 ff.

Sachverhalten einfach in den angeblichen Ursprung und damit in den schließlichen Hervorgang des einen aus der hypothetischen Grundnorm verlegt, und an ihnen keine innere Wesensverschiedenheit aufzudecken vermag. Diese mangelhafte Wesenssicht deutet bereits auf die spätere Versenkung des Normativen im Zwangsakt hin. Mag nun also Kelsen das Sollen als bloßen Denkmodus, als reine Denkform, als undefinierbaren von selbst einleuchtenden Bewußtseinsinhalt, als Sinngehalt gewisser menschlicher Willensakte, als Verknüpfung zwischen Rechtsbedingung und Rechtsfolge, als „Zurechnung" oder als formale, logische und apriorische Kategorie ansprechen, die überhaupt die erkenntnismäßige Durchdringung der Rechtswirklichkeiten erst ermöglicht, — immer stößt man auf die offensichtliche Unhaltbarkeit und innere Brüchigkeit des transzendentalen und idealistischen Ausgangspunktes dieser Anschauung.

IV. Das ist aber noch lange nicht alles. Denn mit der Kelsenschen Lehre über das Sollen findet man sich beim Recht gegenüber der Sittlichkeit in einer vollständig andern Welt. Dem Recht im Kelsenschen Verstande geht nämlich jede Bewandtnis des Sittlichen ab. Zwar verlegt Kelsen das criterium distinctionis zwischen beiden Welten in den Zwang[10]. Doch trifft er damit von seinem Standpunkt aus eine glatte Nebensächlichkeit. Was nämlich in der Sicht der Reinen Rechtslehre die sittliche von der rechtlichen Ordnung scheidet, ist der Umstand, daß eben das rechtliche Sollen nur eine im reinen Geist und Verstand beheimatete Denkform bildet. Da dieses nämlich die Rechtsbedingung mit dem Zwangsakt nur rein logisch verknüpft und so mit seinem eigentlichen Sinn bloß den letzteren erfaßt, findet sich der juristische Geist in einer nackten Logik und Technik des physischen Zwanges. Im Unterschied zum sittlichen bewegt sich daher der rechtliche Gesetzes- und Handlungsbereich auf einem seinshaft völlig verschiedenen Untergrund und berührt jenen in keiner Weise. Dies um so mehr, als Kelsen mit seinem Determinismus und seinem Formalismus der Zurechnung das Willkürliche und Willentliche, die doch den Fundus alles Sittlichen abgeben, aus der Welt des Rechtlichen erbarmungslos ausmerzt. Dabei vollzieht sich eine geradezu vollständige Sinnentleerung des Sollens, das doch auf die vernunfthafte Lenkung geistbegabter Kreaturen angelegt ist. Da nämlich Kelsen das Normative vom Urquell des im Gesetzeszweck und -inhalt verwirklichten Guten und Gerechten abzieht und voll und ganz in der bloßen Form des Sollens versenkt, zerrinnt gewissermaßen die ganze Sinnhaftigkeit des Gesollten. Dieses ist nicht mehr als ein mit einem bestimmten sinnvollen Gehalt versehenes Gesolltes gesollt, sondern weil es einfach nacktes Sollen ist. Der Rechtsgehalt versinkt in der Form, und

---

[10] RR II, S. 34 ff. insbesondere S. 64 und RR I, S. 25 f.

diese wird zu Recht, weil sie sich in der Sollensgestalt findet. Ja, man kann diese blanke formale Rechtslogik noch im eindrücklicheren Satz fassen, daß das Sollen gesollt ist, weil es Sollen ist. Damit landet man bei einem auf etwas rein Formales gemünzten Identitätssatz. Wäre dieser mit dem tiefen Seinsgehalt und der aus dem Wesen des Handelnden fließenden Sinnfülle des Guten gesättigt, so könnte man die Tragweite eines solchen Satzes verstehen und ausschöpfen. Ja, er könnte sich vielleicht zum abgründigsten Fundamentalsatz des Sittlichen und Rechtlichen auswachsen. Aber wenn nach Kelsen das formale Sollen ohne Rücksicht auf jeglichen Inhalt das Wesen des Gesetzes und der Pflicht ausmacht, wie soll der Geist verstehen und begreifen, daß jegliches Gesetz Gesetz ist, weil es Gesetz, und jede Pflicht Pflicht, weil sie Pflicht ist? Will man daher ins Reich des Kelsenschen Normativismus eindringen, so muß man die ganze, Jahrhunderte alte abendländische Tradition und Anschauung über die Natur des Rechtlichen und Gesetzhaften verlassen. Denn das bedenkliche Sollen der Reinen Rechtslehre fällt aus dem Reich des Guten und Bösen und des Gerechten und Ungerechten vollständig heraus und entwickelt sich zu einer sich selbst zeugenden, in sich stehenden und abgekapselten Welt. Es spricht und ruft kein menschliches Gewissen und keinen menschlichen Geist mehr an, weil es das Warum und das wegen seines Gehalts unabweisbar Fordernde aller Gesetzlichkeit in der Sollensform und der hypothetischen Grundnorm versenkt hat. Es rundet sich so letztlich auf eine allen tiefern Geistes bare und nackte Logik des Zwanges auf[11].

V. Das ist nun allerdings das Kelsenschen Sollen in seiner von der eigentlichen Sinnhaftigkeit und Sittlichkeit gereinigten Nacktheit. Das Übel sitzt aber in diesem alles erklärenden und das Wesen aller Rechtserscheinungen aufschließenden Wunderding noch tiefer. In Wahrheit verwechselt nämlich Kelsen mit seinem angeblich undefinierbaren Sollensgebilde die Rechtsnorm mit der Rechtspflicht. Und dies nur deshalb, weil er das Wesen des Gesetzes und der Pflicht in ihrem Wesensbestand nicht genau erforscht, sondern sie einfach ratlos in seiner apriorischen Denkform des Sollens begrub. Zugegeben, daß sich dieses ganz und gar vom Wollen und Müssen und aus einer anderen Sicht auch vom Sein unterscheidet, wenn es auch selbst ein Sein darstellt und sich gerade auf dem Untergrund des Voluntarium bewegt. Doch steckt im Sollen keineswegs das Wesen der Rechtsnorm. Vielmehr geht jenes aus dieser als buchstäbliche Wirkung hervor. Im eigentlichen und tiefsten Sinn versteht man nämlich unter dem Sollen eine Nötigung, die sich selbst in der Bestimmtheit oder im Festgelegtsein von etwas auf eines enthüllt[12]. Nun spricht

---

[11] Nicht ganz in diesem Sinn A. Merkl, Reine Rechtslehre und Moralordnung, Österr. Zeitschr. f. öff. R., N. F. Bd. 11 (1960/61) S. 296 ff.
[12] Vgl. Thomas, De veritate, q. 22, art. 6.

man aber beim Menschen zunächst von einer Nötigung durch Zwang, wodurch er unwiderstehlich tun und vollbringen muß, wozu ihn eine Ursache bestimmt. Erzwungen ist nämlich, was aus einem äußern Grund hervorgeht, so daß das den Zwang erleidende Wesen nichts dazu beiträgt. Das eigentlich Zwanghafte und Gewaltsame tritt somit stets von einem äußern Grund her im Menschen auf und gestaltet sich zu etwas Hinzugefügtem, der Menschennatur Fremdem, ja ihr gerade Entgegengesetztem. Der eigentliche Zwang unterbindet daher die menschliche Strebebewegung. Doch ist nicht alles was einem äußeren Prinzip entstammt, sondern nur das erzwungen, bei dem das innerliche Streben eines Wesens nicht auf dasselbe Ziel mitgeht. Auf der rein menschlichen Ebene kann man also das als Zwang ansprechen, was von außen auf den Menschen eindringt, dessen eigene Strebebewegung ausschließt und so sein Müssen zu einem notwendigen und willenswidrigen gestaltet[13]. Daß nun mit dem rechtlichen Sollen nicht diese Nötigung gemeint ist, leuchtet jedermann ein. Man muß daher auf die zweite Art der Nötigung zurückgreifen, wenn man das Wesen des juristischen Sollens in den Blick bekommen will. Die sollensmäßige Nötigung ist nämlich bedingt und gestaltet sich aus einem vorausgesetzten Ziel oder einer Vorschrift als Wirkung heraus. So kleidet sie sich etwa in die vorschrifthafte Satzform: „Wenn du das nicht tust, so wirst du keinen Lohn erhalten oder wenn du jenes vollbringst, so wird dich dieser Nachteil oder jene Strafe treffen." Während sich nun die erste Nötigungsart im rein körperlichen Bezirk abspielt, entfaltet diese ihre Macht im Reich des Willentlichen. Denn in diese Notwendigkeit wird der Wille hineingespannt und so zur Wahl gedrängt, wenn er ein Gut erreichen oder ein Übel vermeiden will. Wie sich nun die zwanghafte Nötigung im körperlichen Dingbereich durch ein Wirken erfüllt, so erlegt auch dem Willen eine Art Wirken die entsprechende Notwendigkeit auf. Und dieses enthüllt sich in der Anordnung oder in der Vorschrift des Leiters und bewegt und bindet den Willen nach Art des Willentlichen, während es sich im Körperhaften zwangshaft vollzieht. Denn kein menschlicher Wille kann etwas Erzwungenes oder Gewalttätiges wollen. Da er sich nämlich selbst als eine Art Neigung und Streben ausnimmt, kann er nicht etwas wollen ohne auf es abzuzielen und es mit seiner Neigung zu erstreben. Außerdem ist ja mit dem Willkürlichen das aus dem geisthaften Begehren oder unter Erkenntnis des Zwecks von innen Hervorgehende gemeint. In diesen menschlich unberührbaren Wesensgrund vermag aber kein wirkursächlicher Zwang einzudringen. Das sich in der gesetzlichen Anordnung oder Vorschrift kundgebende Rechtliche und Gute nötigt und bindet also den

---

[13] Vgl. Aristoteles, Nikomachische Ethik, 1110 a; Thomas, Kommentar zur Nik. Ethik, No. 386 ff.; weiter De veritate, q. 17, art. 3 u. q. 22, art. 5 u. 6; Summa contra gentiles I, 19 und Summa theologica, I.II.q.6, art. 4,5 u. 6; Manser, Das Naturrecht in thomistischer Beleuchtung, Freiburg 1944, S. 110 ff.

Willen nie zwangshaft, sondern immer nur nach dem sich im geistbegabten Willensstreben enthüllenden eigenartigen Willentlichen und Freiheitlichen. Dabei gestaltet sich die willenshafte Bindung durch Gesetz und Vorschrift erkenntnishaft. Wie nämlich das ursächliche Wirken die zwangsweise Nötigung ins Dinghafte durch eine Art Berührung einführt, so vermag nur das Wissen um eine Anordnung oder Vorschrift den Willen entsprechend zu binden und festzulegen. Denn ohne Erkenntnis verpflichtet kein Gesetz, es sei denn, man sei zu dessen Erkenntnis gehalten. Alle Unkenntnis unterbindet nämlich den eigentlichen Hervorgang aus dem Willengrunde. Die Vorschrift mötigt und bindet also durch die Macht des Wissens und das Wissen durch die Macht der Vorschrift. Die im Sollen sich enthüllende eigenartige Nötigung gestaltet sich damit erkenntnismäßig und weist die Bewandtnis des Willenshaften auf, weil sie im Willen nur nach Art des Willentlichen und Verstandhaften vom geistigen Menschen empfangen werden kann.

VI. Was läßt sich nun aus diesen Darlegungen folgern? Zunächst einmal die unumstößliche Tatsache, daß sich die sollenshafte Nötigung als sittlich erweist. Denn alles Sittliche entfaltet sich auf dem Untergrund des freien Willkürlichen und da das rechtliche Sollen nur das Willenshafte betrifft und berührt, lebt es sich selbst auf diesem Untergrund aus. Dazu qualifiziert man das als schlechthin sittlich, weswegen das willentliche oder frei und überlegt gesetzte Handeln als gut oder schlecht angesprochen wird. Diese beiden Attribute wachsen aber dem menschlichen Handeln wegen seiner Übereinstimmung oder seines Widerspruchs zu der das Sollen auslösenden gesetzlichen Vorschrift oder Richtschnur zu. Genauer ausgedrückt enthüllt sich somit die Sittlichkeit in einer transzendentalen Beziehung dieses Handelns zum genannten Richtmaß. Dabei fließt die erste und artbestimmende Sittlichkeit der menschlichen Handlung von ihrem Gegenstand her zu, auf den sie sich ihrer Natur nach unmittelbar bezieht. Der eigentliche und artbestimmende Gegenstand des rechtlich erheblichen Handelns ist nun seinerseits das Rechtsobjekt oder das gesetzlich umschriebene Verhalten. Damit wächst dem Handlungsgegenstand selbst durch eine Ähnlichkeit der Zuteilung die Eigenheit des Sittlichen zu, weil er in die nämliche Beziehung zur gesetzlichen Richtschnur verflochten ist, die ihn aus diesem Beziehungsverhältnis heraus gerade wie die Handlung bestimmt und mißt. Endlich nimmt sich auch die im Sollen selbst sich äußernde Nötigung als sittlich aus, weil sie den Menschen durch Berührung und Bewegung seines Willens zum vorschriftsgemäßen Handeln drängt. Allerdings teilt man dem Handeln und seinem Objekt, dem Gesetz und dem ihm entfließenden Sollen die Sittlichkeit nicht im ganz gleichen Verstande, sondern nach einem bestimmten Verhältnis zu, wobei das innere willenshafte Handeln als Hauptsächlichstes und Eigentlichstes diesem Ähnlichkeitsbegriff entspricht. All diese verschiedenen Wesensgebilde werden also mit der Wendung „sittlich" bedacht, weil sie sich mit der urhaften, das Sittliche im wahrsten und tiefsten Sinn ausformenden Wirklichkeit der innern Willenshandlung in einem ursächlichen Verhältnis finden. Gesellt man nun zu diesen fundamentalen Auseinandersetzungen über das juristische Sollen noch die Feststellung, daß dieses aus dem sich in einem erlaubten Zweck enthüllenden Guten oder einer Norm entspringt und sich auf ein Handeln, Unterlassen oder Dulden erstreckt, so ist eigentlich alles beisammen, was man vom innersten Wesen dieses angeblich undefinierbaren Wunderdinges aussagen kann. Es läßt sich daher als *die aus einer Norm hervorgehende sittliche Nötigung des menschlichen Willens zu einem rechtlichen Handeln, Unterlassen oder Dulden* ansprechen. Dabei wird dieses rechtliche Verhalten durch die Sanktion der Vollstreckung, oder eines Nachteils oder gar einer Strafe erzwungen[14].

Damit ist nun aber einschlußweise bereits ausgesprochen, daß sich das Sollen seinshaft nicht in der Rechtsnorm findet. Wenn man diese nämlich auch als Anordnung, Befehl, Vorschrift und Gesetz bezeichnet, so hat man sie doch nie mit dem Ausdruck „sittliche Nötigung" oder „Notwendigkeit" bedacht. Vielmehr geht eben die sollenshafte „neccessitas" aus der Rechtsnorm als ihrem wirkmächtigen Grunde hervor. Sie findet sich also ursprunghaft und wirkursächlich in der Norm angelegt und geistig in der gesetzlichen Anordnungs-, Anweisungs- und Befehlsgestalt vorgeformt. Und in dieser befehlshaften und geistigen Ausformung wächst sie sich für den Menschen auch zum geistigen Vor- und Richtbild des auf dem Untergrund seines Verstand- und Willenshaften sich auslebenden wirklichen und eigentlichen wesenhaften Sollens aus. Es ist damit im gesetzlichen Richtmaß gewissermaßen als Wirkung keimhaft enthalten. Da aber die Ursache und ihre Wirkung zwei wesenhaft grundverschiedene Dinge bilden, besteht der Wesenskern der Rechtsnorm seinshaft nicht im Sollen und ebensowenig in der Pflicht.

VII. Wie kommt es nun aber, daß sich das Sollen oft in der Vorschrift und Anordnung des Rechtssatzes selbst findet? Denn gerade bei der eindringlichen Zergliederung der Rechtsnorm hat ja Kelsen das Sollen als ihr angeblich innerstes Wesen entdeckt. Außerdem hat sich die nämliche Anschauung seit einem halben Jahrhundert recht tief in die deutsche Rechtsphilosophie eingenistet[15]? Wie lassen sich also unsere auf

---

[14] Thomas, De veritate, q. 22, art. 6; Gredt, Die aristotelisch-thomistische Philosophie, Freiburg 1935, Bd. II, S. 292 ff.; Cathrein, Moralphilosophie, Freiburg 1911, Bd. I, S. 389—94 und Manser, Das Naturrecht, Freiburg 1944, S. 131 ff.

[15] So spricht man etwa heute die Rechtsphilosophie als Soll-Wissenschaft an. (Vgl. Utz, Die Rechtsphilosophie als Soll-Wissenschaft vom Rechtlichen" in Naturordnung, hrsg. von J. Höffner, Alfred Verdross und Francesco Vito, Innsbruck, Wien und München, S. 376 ff.).

den ersten Anhieb hin überraschenden Feststellungen mit diesem nicht wegzudenkenden Sachverhalt zusammenreimen? Die Erklärung dieser zunächst paradoxen Sachlage liefert uns das verstandhafte Gebilde der Rechtsnorm selbst. In ihr findet sich nämlich, wie schon angedeutet, das Sollen mit seinem näheren Rechtsgehalt geistig abgebildet, damit es vom Rechtsunterworfenen überhaupt erkenntnishaft erfaßt und von dessen Willen aufgenommen werden kann. Die Rechtsnorm gestaltet sich damit zum geistigen Richtmaß des rechtlichen Sollens und muß es deshalb gewissermaßen abbildlich in sich beherbergen, damit sich seine menschliche Aufnahme verstandhaft und verständlich vollziehen kann. Sie wächst sich so nicht nur zur Wirkursache, sondern auch zur causa exemplaris des ganzen sich in der menschlichen Wirklichkeit entfaltenden rechtlichen Sollens aus. Und diese wirkhafte und vorbildliche Ursächlichkeit gegenüber dem Sollen erklärt auch, warum man dieses — allerdings im uneigentlichen Sinn — als Eigenheit auch von der Rechtsnorm aussagt. Genauso bildet diese auch andere fundamentale Wirklichkeiten in ihrem geistigen Wesen ab. Doch gestaltet sie sich dadurch keineswegs zum eigentlichen Wesen dieser Rechtsgebilde, genausowenig wie die im Geiste des Künstlers wesende Idee des Kunstwerks dieses selbst ausmacht. Sonst würde man ja in der Rechtsnorm an sich sozusagen auf die Wirklichkeit sämtlicher grundlegenden juristischen Wesensgebilde stoßen. Und diesen ganz ausschlaggebenden Befund hat eben Kelsen aus seiner idealistischen Grundhaltung heraus vollständig übersehen. Vermag eben der menschliche Geist die außerverstandliche Wirklichkeit nicht zu erfassen, so muß alles aus dem Geist und Verstand Herausgebildete und Angeordnete alleinige Wirklichkeit werden. So findet man dann in der Welt des Rechtlichen das Wesen und die Wirklichkeit der juristischen Erscheinungen nur mehr in der Rechtsnorm, und damit höchstens noch in ihrer geistigen Abbildlichkeit, wenn die Norm ihren Seinsbestand genau widerspiegelt.

Aus einer anderen Sicht her stößt man übrigens beim Gesetz wie beim Sollen auf einen ähnlichen Sachverhalt. Als Regel, Richte und Maß findet sich das Gesetz in der Vernunft und im Willen des Gesetzgebers, wenn man es in seiner Entstehung und im Rechtsetzungsakt betrachtet. Und in diesem Sinn nimmt es sich gewissermaßen wie der Gedanke, und das Urteil im Denken aus. Doch enthüllt es sein wahrhaftes Wesen in der vom gesetzgeberischen Verstand und Willen losgelösten und sich in einer Vorschrift verdichtenden Schöpfung des Geistes, die das menschliche Handeln bestimmt und mißt. Auf eine andere Art und Weise ist nun die Rechtsnorm auch im Rechtsunterworfenen und seinem Handeln als Richte und Maß. Und in diesem enthüllt sie sich rein sollenshaft durch Nötigung zum vorschriftsgemäßen Verhalten und in Gestalt einer Teilnahme durch Gemessensein, aber keineswegs in ihrem ureigentlichen

Sinn und Wesen. Genauso wie daher das Sollen wesen- und seinshaft nicht in der Rechtsnorm als seiner Ursache steckt, so findet sich diese in ihrem eigentlichen Verstande auch nicht im Sollen als ihrer Wirkung. Wenn somit Kelsen den ganzen Wesensgehalt der Rechtnorm im Sollen versenkt, so verstrickt er sich damit rein spekulativ gesehen — in einen weiteren für die reine Rechtslehre folgenschweren Irrtum. Denn damit verlegt er seinem System die so notwendige genaue Wesensicht des Normativen, wobei dann alle aus dem fundamentalen Gebilde der Rechtsnorm gewonnenen rechtlichen Grundbegriffe in den gleichen Irrtum verflochten und mit einem falschen Wesensgehalt angefüllt werden. Die rechtsphilosophischen Irrtümer der reinen Rechtslehre stecken demnach hauptsächlich in den die vielen Konklusionen tragenden Prämissen. Und solange man die offensichtliche Unhaltbarkeit dieser nicht erschlossen hat, bohrt die Kritik am Kelsenschen Lehrsystem nur an dessen Randschichten herum.

VIII. Damit ist aber die Betrachtung über das Kelsensche Sollen noch keineswegs abgeschlossen. Denn in Wirklichkeit bildet dieses überhaupt kein Sollen. Wie schon betont, verlegt nämlich Kelsen das Wesen der Rechtsnorm schließlich in die Sanktion. Nun ergeben aber die vorausgehenden Darlegungen, daß sich das rechtliche Sollen durch Nötigung des Willensgrundes beim Normunterworfenen verwirklicht. Da entfaltet es aus der Macht der gesetzlichen Vorschrift seine ganze in der necessitas beschlossene Rechtsgewalt und ist damit im Voluntarium des Rechtsunterworfenen wesen- und keimhaft angelegt. Hier findet denn auch das aus der Norm entfließende Sollen seine vollendete Entsprechung in der Erfüllung des Geschuldeten. Was nun das Sollen der Sanktion betrifft, so schöpft dies seine Rechtfertigung und seinen Rechtsbestand bloß aus dem vorausgehenden Sollen des Rechtsunterworfenen und beschlägt das Verhalten der staatlichen Rechts- und Verwaltungsbehörde. Besteht dessen Pflicht nicht, so läßt sich gar keine Vollstreckung und Sanktion ausdenken. Und dieser Umstand enthüllt auch die bloß bedingte Notwendigkeit des Rechtszwanges. Daher kann man logischerweise das Wesen der Rechtsnorm auch nicht in dieser bloßen Bedingtheit versenken, da ja der Begriff als geistiges Abbild eines Wesens nur aus dem gebildet werden kann, was diesem notwendig und immer zukommt. Damit verliert aber das Sollen der Kelsenschen Rechtsnorm seinen Sinn und sein rechtliches Sein, und diese selbst ihr Gesicht, weil sie beide nicht mehr vom fundamentalen Sollen der juristischen Grundbeziehungsverhältnisse der Normunterworfenen getragen sind. Mit andern Worten: die Reine Rechtslehre mündet in eine vollendete Zerstörung des von ihr selbst ersonnenen Rechtlichen und wird zu einer Lehre ohne Recht.

IX. Mit noch viel eindringlicherer Konsequenz drängt sich die gleiche Schlußfolgerung auch auf, wenn man den Kelsenschen Hervorgang des angeblich in der Rechtsnorm enthaltenen Sollens aus der hypothetischen Grundnorm betrachtet. Wie bereits vermerkt[16], schöpfen alle zur selben Gesamtordnung gehörenden Normen ihre Geltung und ihr eigentliches juristisches Sein aus dieser gemeinsamen Sollensquelle. Diese teilt dem Rechtssetzungsakt des ersten Gesetzgebers und den übrigen Erlassen der auf ihm beruhenden Rechtsordnung auch die Bewandtnis des Gesetzlichen zu, verleiht die Rechtssetzungsmacht und setzt so den ursprünglichen normerzeugenden Tatbestand ein. Dabei holen alle Rechtserscheinungen der genannten Gesamtordnung ihr Sollen und ihre Normativität aus diesem bloßen letztlichen Hervorgang aus der vorausgesetzten Grundnorm und Gesetzgebungsmacht, und gelten keineswegs wegen ihres Rechtsgehalts. Damit steckt diese Ursprungshypothese zu allen Normen und den aus ihnen fließenden Rechtsverhältnissen in einem wahrhaften Kausalverhältnis. Sucht man aber nun den eigentlichen Seins- und Wesensbestand der Grundnorm zu erhaschen, so enthüllt sie sich als etwas rein Verstandhaftes, das der Geist aus seiner rechtswissenschaftlichen Erkenntnis schöpft, und fristet nur ein nacktes logisches Dasein. Als solches vermag sie das sich in einer Nötigung des Willensgrundes enthüllende Sollen in keiner Art und Weise hervorzubringen. Denn in der Rechtsnorm geht das Sollen seinem Formbestande, aber nicht seinem Inhalt nach aus dem gesetzgeberischen Wollen hervor, weil es sich als Nötigung ausnimmt, und niemals die Ratio, sondern bloß der Wille zu nötigen vermag. Die Grundnorm bleibt also in der Sphäre des bloß Vernunft- und Erkenntnishaften stecken und affiziert den menschlichen Willen nicht. Man mag sie drehen und zurechtstutzen, wie man will, und sie mit dem für das jeweilige Bedürfnis passendsten und zweckentsprechendsten Inhalt versehen, immer bleibt sie ein nacktes ens rationis und kann aus der Natur seiner bloß rationalen Seinsanlage nicht in die Wirklichkeit einer außerverstandlichen Wesenheit brechen oder gar das extramentale Sein der rechtlichen Nötigung in die Welt setzen. Unbegreiflich ist auch, wie sie in ihrem rein gedanklichen und logischen Wesen überhaupt das Sollen enthalten soll. Mag auch die Philosophia perennis alle Rechtssetzung immer als eine wahrhafte Schöpfung der göttlichen und menschlichen Vernunft angesprochen und dieser einen gewissen Vorrang vor dem Willen zugewiesen haben, so hat sie sich doch nie zur Behauptung verstiegen, daß die Norm nichts Willentliches beinhalte. Denn die bloße Vernunft verfügt über keine Macht, ein Handeln über den Weg des Sollens dem Vollzuge zuzuführen. Erst wenn sich der Wille der Verwirklichung eines Zwecks zuwendet, so drängt ihm die Vernunft durch Erwägung und Überlegung die entsprechenden Mittel auf[17].

---

[16] Vgl. oben, III. Kap., II, 2. Abschn.
[17] Vgl. Thomas, Summa theologica, I. II. qu. 90, art. 1; Suarez, De legibus, lib. I, c. 5; Rommen, Die ewige Wiederkehr des Naturrechts, S. 47 ff. u. 180 ff.

Nimmt sich also die Grundnorm als lediglihes Ergebnis der auf das bloße Erkennen angelegten theoretischen ratio aus, so kann sie kein Sollen enthalten. Wenn sich dazu schon in der schlechthinnigen Norm kein eigentliches Sollen, sondern vielmehr nur die rechtliche Binde- und Verpflichtungsgewalt findet, wie soll dann die bloße rechtswissenschaftliche Hypothese einer Ursprungsnorm das geheimnisvolle Ding des Sollens in sich hegen? Ist sie wahrhaft eine Norm, so bildet sie keine Hypothese, und ist sie eine Hypothese, so geht ihr jede normative Kraft und Natur ab. Und wenn sie Kelsen als hypothethische Grundnorm qualifiziert, so bindet er damit zwei logische Sachverhalte zusammen, die sich gegenseitig ausschließen, und vergründet so sein Rechtssystem in einer vollendeten contradictio in adiecto. Trägt aber weiter die Grundnorm nichts Sollenshaftes an sich, so deduziert Kelsen das gesamte Sollen seiner Rechtswelt aus dem Sein, und zwar aus dem hauchdünnen Seinsbestand eines rein gedanklichen Wesens und spricht damit diesem eine unerfindliche Macht zu.

Treibt man übrigens die Analyse der Grundnorm noch etwas weiter, so scheint Kelsen das normative Sein der Gesetze nicht allein aus der hypothetischen Grundnorm, sondern auch aus dem Setzungsakt der erlassenden Behörde herzuleiten. Dann fragt es sich aber, ob nun die Gesetzgebungsgewalt dieser Behörde oder die Grundnorm den Rechtsvorschriften die Verbindlichkeit verleiht. Daß sich nämlich die Rechtssetzungsgewalt einer zuständigen Behörde als eigentliche Rechtsmacht ausnimmt, läßt sich kaum bestreiten. Alles Werden und jede Veränderung im Reich des Geschöpflichen supponiert ja zunächst ein Sein, das verändert und das Werden verursacht, und dann ein Etwas, das wird und sich verändert. Die Seinsweise eines Wesens aber, die einem andern ins Werden zu verhelfen oder es zu verändern vermag, enthüllt sich ihrerseits als aktive Potenz oder als Macht im ganz urhaften Sinn. Daher läßt sich die Macht wesenhaft nur als Vermögen ansprechen, wirkmächtiger Grund eines andern im weitesten Verstand und damit dessen eigentliche Entstehungs- und Veränderungsursache zu sein[18]. Mit der Macht in der Welt des Rechtlichen, d. h. mit der Rechtsmacht, kann daher nur der rein rechtlich wirkende und sich auslebende Entstehungs-, Aufhebungs- und Veränderungsgrund von Rechten, Rechtsverhältnissen und Pflichten gemeint sein. Damit ist das Wesen der Rechtsmacht im aktiven Sinn und in ihrem tiefsten und ureigenen Wesen ausgesprochen. Daß sich nun die Gesetzgebungsgewalt auch zu einer solchen Rechtsmacht gestaltet, liegt sozusagen auf der Hand. Hegt sie doch in sich die Gewalt,

---

[18] Vgl. Aristoteles, Metaphysik IV. 1019 a—1020 a und VIII. 1046 a ff.; Thomas, Kommentar zur Metaphysik, L. V. Lect. 14, No. 955 ff. und L. IX. Lect. I.; De potentia, q. 1; Summa contra gentiles, I. c. 16 und II. c. 6 f.; Summa theologica, I, q. 25, art. 1.

die Rechtsunterworfenen zu binden und zu verpflichten, womit sie sich zum Entstehungs-, Aufhebungs- und Veränderungsgrund von Rechten und Pflichten auswächst. Handelt nun die Rechtssetzungsbehörde innerhalb ihres Zuständigkeitsbereichs, so scheint das sich in den Pflichten der Rechtsunterworfenen enthüllende Sollen aus der Rechtssetzungsmacht als aus ihrem wirkmächtigen Grund hervorzugehen. Es ist daher unerfindlich, wie das formale Sollen den erlassenen Rechtsnormen noch aus der Grundnorm zufließen soll. Stattet aber diese die verfassung- oder gesetzgebende Behörde mit der fraglichen Rechtssetzungsmacht aus, so enthüllt sie sich selbst als solche urhafte Gewalt. Sie artet damit in eine Art ursprünglicher Gesetzgebungsmacht aus, die sich ihr Sein und Wesen selbst aus dem Nichts hervorholt, wobei sie selbst kein Sollen, sondern bloße reine Rechtsmacht bildet. Und da ein Sollen immer aus dem wirkmächtigen Grunde eines willentlichen Vermögens hervorgehen muß, so verdichtet sich diese Rechtsmacht auch zu einer Art Willen. So läßt sich dann das Kelsensche Sollen überhaupt nicht mehr aus der Grundnorm, sondern nur aus dem Sein und Handeln einer in der Schöpfung von Rechtsnormen auslebenden Willensmacht deduzieren. Am Grunde des Sollens stößt man also schließlich immer auf eine Macht, und etwas Willentliches.

X. Dringt man indessen noch tiefer in die Problematik der Kelsenschen Grundnorm ein, so stößt man auf ein urgründiges Etwas, das sich die Verfechter der Reinen Rechtslehre sicher nie erträumten. An einem gewissen Punkte ihres Systems riß eben ihr Denken ab, weil sie es nicht in außerrechtliche Bereiche vortreiben wollten, als ob man seinen Geist im Gehäuse des Rechtlichen einfach einkapseln müsse. Mag nämlich die Kelsensche Grundnorm entweder nacktes Sollen, reine Rechtsmacht oder Wille sein — und daß sie letzteres ist, haben die vorausgehenden Darlegungen schlagend bewiesen —, so holt sie das Sein ihres Sollens, ihre Macht oder ihres Willens aus keinem andern wirkmächtigen Grund. Sie schöpft somit das eine wie das andere aus dem Nichts und wächst sich so zum Urgrund alles Sollens, aller Rechtsmacht und jeglichen Willens aus. Denn wie das, was am meisten seiend und am meisten wahr ist, die Ursache alles Seienden und Wahren bildet[19], so muß auch die Kelsensche Grundnorm als das am tiefsten Sollende und Rechtsmächtige und Willentliche zum Grund jedes Sollens und jeder Rechtsmacht und jedes Willens werden. Sie bildet daher jegliche Vollendung und Vollkommenheit des Sollens der Rechtsmacht und des Willens und verdichtet sich so zum Sollen, zur Rechtsmacht und zum Willen an sich, während alles übrige Rechtliche zu einem bloßen Sollen oder Rechtsmächtigen und Willentlichen durch Teilhabe wird. Und da nun dieses wunderliche Wesen der

---

[19] Aristoteles, Metaphysik II, 1, 993 b.

Grundnorm das Sein des Sollens, der Rechtsmacht und des Willens aus dem Nichts ins Dasein hebt, so bildet sie selbst die vollkommenste Schöpfermacht. Denn die umfassendste aller Wirkungen im Schöpfungsbereich bildet das Sein selbst. Daher kann es sich nur als eigentliche Wirkung einer ersten allumfassenden Ursache erweisen. So enthüllt sich schließlich die Grundnorm der Reinen Rechtslehre als grenzenlose Willensmacht. Denn weder die Verstehensmacht noch irgendeine erhabene Wesenheit verleiht Sein, es sei denn, daß sie in wahrhaft göttlicher Tätigkeit wirke. Am Grunde der Kelsenschen Grundnorm stößt man also auf das unendliche und ewige göttliche Sein. Und das ist keineswegs erstaunlich. In Wahrheit läßt sich nämlich das Sollen und die rechtliche Binde- und Verpflichtungsgewalt letztlich nur in der göttlichen Weisheit und Willensmacht vergründen, die den Geschöpfen ihr Sein und ihre Natur verleiht und daher ebenfalls dem Menschen nicht nur sein Sein und Wesen mitteilt, sondern seinem Verstandes- und Willensgrund auch die letzten Sollensgesetze eingießt. Daher hat auch die Philosophia perennis immer behauptet, daß die Staatsgewalt, die sich eben in erster Linie als Rechtssetzungsmacht äußert, von Gott stamme. Aus dieser Sicht her gewinnt nun die Grundnorm der Reinen Rechtslehre, wenn man überhaupt von einer solchen sprechen will, ein ganz anderes Aussehen und eine von ihren Verfechtern gar nie geahnte Tragweite und Größe. So ist denn Kelsen der von ihm so eifrig bekämpften und gewissermaßen als Märchen angeprangerten göttlichen Urheberschaft der Rechtswelt auch selbst nicht los geworden.

XI. Schließlich muß hier noch die andere fundamentale Ungereimtheit der Kelsenschen Anschauung über die Grundnorm bloßgelegt werden. Nach der Reinen Rechtslehre verleiht diese der aus ihr sich bildenden übrigen Normenwelt nur das bloße formale Sollen, womit offenbar die reine von jeglichem Rechtsgehalt abgezogene Form des Sollens gemeint ist. Man fände sich damit gewissermaßen vor einer Art Platonischen Idee der allen Inhalts entblößten Sollensform. Das ist aber völlig unhaltbar. Genauso wie nämlich in der diesseitigen geschöpflichen Welt jedes Wesen eine Zusammensetzung von Form und Materie aufweist, so kann sich in diesem Aeon das Sein des Sollens auch nur in innigster Verschmelzung mit einem bestimmten aus der menschlichen ratio geholten Gehalt verwirklichen. Dieser selbst gestaltet sich zur eigentlichen vernunfthaften Materie, welche die sich dann in der Anordnungs- oder Befehlsform enthüllende gesetzgeberische Binde- und Verpflichtungsgewalt zur verbindlichen Rechtsnorm prägt. Diese ihrerseits entzündet im Willen des Rechtsunterworfenen das in ganz bestimmtem Sinn lautende und erkenntnishaft erfaßte Sollen der Verpflichtung. Nirgends läßt sich in der Schöpfungswelt eine zum reinen Sollen sich verdichtende Urnorm entdecken. Immer findet sich das Normative mit einem bestimmten Sinngehalt beisammen. Denn wie sollte ein Sollen vom Rechtsunterworfenen überhaupt verstandhaft gesichtet und aufgenommen werden, wenn es sich nicht in einem verständlichen Rechtsgehalt enthüllte? Die Nötigung selbst wird unerfaßlich und verliert ihr eigenes Sein und Wesen, wenn sich ihr Sinngehalt nicht aufschließen läßt. Die leere Schale des Sollens läßt sich nicht einmal als nackte Ausgeburt der Phantasie ausdenken, weil sich eben das Wesen der sollenshaften Nötigung ohne den erkenntnis- und verstandhaften Sinngehalt nicht verwirklicht. Daher spielt denn auch der verständliche und vernünftige normative Rechtsgehalt für die Geltung einer bestimmten Norm eine so entscheidende Rolle. Übrigens hat ja auch Kelsen selbst die Grundnorm mit einem für die einzelstaatlichen oder gar völkerrechtlichen Bedürfnisse und Zwecke zurechtgelegten Gehalt angefüllt. Weil aber dieser Rechtsinhalt nur die schlechthinnige Existenz der übrigen staatlichen und völkerrechtlichen Normenwelt ermöglichen sollte, zog er aus diesem Umstand den bedenklichen Schluß, daß sich eben aus der Grundnorm nur das rein formale Sollen in die sich stufenweise zeugenden Normen ergieße, während doch die Grundnorm der ersten faktischen Staatsmacht die volle Rechtssetzungsgewalt und nicht bloß die Möglichkeit verlieh, die Normen mit einem bestimmten Gehalt zu versehen. Denn schließlich ist ja die gesetzgebende Gewalt in einem geordneten Staatswesen kein bloß räsonnierendes Gebilde. Sie gestaltet sich daher auch im Rahmen bestimmter Schranken zur eigentlichen wirkmächtigen Ursache der in der sollenshaften Nötigung der Rechtsunterworfenen sich äußernden Pflichten. Verlegt man aber mit Kelsen den Ursprung jeden formalen Sollens in die Grundnorm, so muß sich diese notgedrungen zu einer nackten urhaften Sollensform mit ihrer ganzen innern Widersprüchlichkeit auswachsen. Fügt man diesen Feststellungen noch den Umstand hinzu, daß in der Anschauung Kelsens die Grundnorm noch die Funktion eines denkökonomischen Prinzips versieht, wonach man mit einem möglichst einfachen Grundsatz möglichst viel erklären soll[20], so drängt eine genaue rechtsphilosophische Prüfung dieser Ursprungshypothese zum Schluß, daß sie entweder gar nichts erklärt oder, in der ganzen Dimension ihrer Tragweite ausgedacht, zum göttlichen Urgrund der Rechtswelt und -ordnung führt.

---

[20] Vgl. Kelsen, das Problem der Souveränität, S. 97—105; Pitamic L., Denkökonomische Voraussetzungen der Rechtswissenschaft, Österreichische Zeitschrift für öff. Recht, 1918, Bd. III, S. 339 ff.; E. Kaufmann, op. cit. S. 25 f.; S. Marck, op. cit. S. 30 und Joeckel, op. cit. S. 68 ff.

Fünftes Kapitel

Zum Grundsatz von der Unableitbarkeit des Sollens aus dem Sein

I. Schließlich muß hier noch die Fragwürdigkeit und Brüchigkeit eines letzten Kelsenschen Fundamentalsatzes aufgedeckt werden, von dem die ganze Reine Rechtslehre ihren Ausgang nimmt. Es ist die immer wiederholte Aussage, daß sich aus dem Sein kein Sollen herleiten läßt, die seit dem Kantschen Idealismus in der deutschen Rechtsphilosophie die Runde macht und gewissermaßen in einer Art Denkspruch die Unhaltbarkeit der Naturrechtslehre einfangen soll. Bekanntlich hatte nämlich Kant die These verfochten, daß sich aus der menschlichen Natur und Erfahrungswelt keine notwendigen und unumstößlichen sittlichen Gesetze ableiten ließen, weil jede sittliche Erfahrung nach moralischen Grundsätzen bewertet werden müsse und die Idee des Guten jeder Erfahrung vorangehe. Weder Natur noch Begierde, weder menschliches Glück noch Wohl, weder Nutzen noch Vorteil, weder irgendein Zweck noch eine Neigung vermöchten über die Erlaubtheit und den Wert eines menschlichen Verhaltens zu entscheiden. Weiter gelte die sittliche Norm, meinte Kant, für jedermann ohne Rücksicht auf seine Neigungen, und die Moralphilosophie entlehne nicht das Geringste von der Kenntnis des Menschen, sondern gebe ihm als vernünftigen Wesen Gesetze a priori, und in der Reinheit dieses Ursprungs aus der bloßen Vernunft liege die ganze Würde dieser Gesetze beschlossen[1]. Damit erschöpft sich nach Kant die Güte und Vollkommenheit einer menschlichen Handlung in einem allgemeingültigen gesetzlichen Gepräge, indem sie sich zum Ausdruck der einzig möglichen Sittlichkeitsnorm auswächst. Und diese fing Kant in der Formel seines berühmt gewordenen kategorischen Imperativs ein, der sich als nackter formaler Grundsatz enthüllt und keine bestimmten Vorschriften ethischen Gehalts in sich schließt[2]. Allerdings wird nun das

---

[1] Vgl. Kant, Grundlegung zur Metaphysik der Sitten, Ausg. Reclam, S. 6 f., 11 f., 16 ff., 24 ff. und 52 f.; Kritik der praktischen Vernunft, Meiner Verl. Leipzig 1915, S. 27—55 und Voegelin, Das Sollen im System Kants, in Gesellschaft, Staat und Recht (Untersuchungen zur reinen Rechtslehre) Wien 1951, S. 139 f.

[2] Dem kategorischen Imperativ verlieh Kant folgende Fassung: „Handle so, daß die Maxime deines Willens jederzeit zugleich als Prinzip einer allgemeinen Gesetzgebung gelten könne!" (Vgl. Kant, Metaphysik der Sitten,

menschliche Handeln durch seine bloße Gestaltung nach diesem Gesetz noch keineswegs sittlich. Nur die Vorstellung dieser Norm, soweit sie sich zum Bestimmungsgrad des Willens auswächst und so als Pflicht zum Handeln treibt, macht das wahrhaft Sittlich-Gute menschlichen Tuns aus[3]. Weder die Absicht noch der Gegenstand, sondern der nackte Beweggrund der Pflicht verleihen daher einer Handlung ihren moralischen Gehalt und Wert[4]. So erschöpft sich die Kantische Sittlichkeit im Handeln aus Pflichtbewußtsein, wobei die besondere Handlungsweise ein möglichst allgemeines Gesetz der Menschheit widerspiegeln muß.

Dagegen enthüllt sich eine Gesetzgebung, die auch eine andere Triebfeder des Handelns zuläßt, als rechtlich. Daher umfaßt die Rechtsnorm nur äußere Pflichten, die sich im Kantischen Denken als die bloße physische Außenseite des menschlichen Handelns ausnehmen. Dabei verlangt das Recht nur äußere Beweggründe des Handelns. Aus dieser Sicht heraus gestaltet somit Kant die Pflicht als Bestimmungsgrund des Handelns zu einem ausschlaggebenden Kriterium für seine Unterscheidung zwischen Sittlichkeit und Recht[5]. Wenn er nun aber im Recht den Inbegriff der Bedingungen sieht, unter denen sich der Wille zweier oder mehrerer Personen miteinander nach einem allgemeinen freiheitlichen Gesetz vereinen lassen[6], so versenkt er doch schließlich den Kerngehalt des Rechts im Zwang. Da dieses nämlich keine Vermischung mit Ethischem verträgt und nur das äußerliche menschliche Handeln erfaßt, so drängt sich im Gefüge des Kantischen Rechtsbegriffs der Zwang als unentbehrliche Triebfeder menschlichen Handelns im juristischen Bereich auf, wenn man im Wandel auf der Kantischen Gedankenbahn nicht alles Recht in Sittlichkeit verwandeln will. Daher wächst sich der Zwang zum innersten und fundamentalsten Wesensstück dieses Rechtsbegriffs aus. Ebenfalls versinnbildet Kant den Ablauf des Rechtsmechanismus gewissermaßen durch die freie Bewegung von Körpern nach dem Gesetz der Gleichheit von Wirkung und Gegenwirkung. Denn nur der unter allgemeine Gesetze gebrachte, wechselseitige gleiche Zwang vermag den Begriff des Rechts zu veranschaulichen und ihn dem Geiste einigermaßen

---

Meiner Verlag, Leipzig 1922, S. 28; Kritik der praktischen Vernunft, S. 39. Man beachte auch die andern Formulierungen des nämlichen Grundgesetzes in der Grundlegung zur Metaphysik der Sitten, S. 42, 70, 81 und 92 f.).

[3] Grundlegung zur Metaphysik der Sitten, S. 36—41 und Metaphysik der Sitten, S. 20/21.

[4] Vgl. Grundlegung zur Metaphysik der Sitten, S. 25 u. 39—40. Das veranlaßte F. Schiller zum bekannten spöttelnden Sinnspruch: „Gerne dien' ich den Freunden, doch tu' es leider mit Neigung, Und so wurmt es mich, daß ich nicht tugendhaft bin. Da ist kein anderer Rat, du mußt suchen, sie zu verachten, Und mit Abscheu alsdann tun, wie die Pflicht dir gebeut."

[5] Metaphysik der Sitten, S. 20—23.

[6] Ibidem, S. 34—35.

zu enthüllen[7]. Diese Folgerung drängt sich um so eindringlicher auf, weil Kant sogar das Wesen der sittlichen Gesetzlichkeit in die reine Form verlegt. Weil nämlich der Gegenstand des Willens und der Gesetzesinhalt nicht den Bestimmungsgrund dieses nämlichen Willens zu bilden vermögen, so verflüchtigt sich dieser in der reinen von allem Gehalt entleerten Gesetzlichkeit. Sondert man nämlich nach Kant alle Materie oder jeden Willensgegenstand vom Gesetz ab, so bleibt nichts als die nackte Form der allgemeinen Gesetzgebung übrig. Damit wächst sich diese zum eigentlichen und alleinigen Wesensbestand der sittlichen Gesetzlichkeit aus[8]. Freilich versichert Kant, daß der Mensch mit dem Kompaß des kategorischen Imperativs in allem Sittlichen Bescheid wisse und Gutes und Böses wie Pflichtmäßiges und Pflichtwidriges zu unterscheiden vermöge und keiner Wissenschaft und Philosophie bedürfe, um ehrlich, gut, weise und tugendhaft zu sein[9]. Da er aber den ganzen moralischen Gehalt dieser allgemeinen Norm selbst in der bloßen Gesetzlichkeit versenkt, so verflüchtigt sich seine Sittlichkeit im vollendeten Formalismus. Nimmt sich doch auch die Allgemeinheit dieses Imperativs als eine lediglich folgeweise metaphysische Eigenheit des Gesetzlichen aus und wird von diesem aufgesogen. Im Rechtsbereich waltet nun aber nach Kant nicht mehr die Gesetzlichkeit als Gestaltungsgrund menschlichen Gebarens. Bestimmt aber weder Form noch Inhalt der Rechtsnorm das juristische Handeln, so muß das Wesen und die Substanz des Rechtlichen im Zwang verdunsten. Das mag nun allerdings befremden. Dies um so mehr, als Kant im Sittlichkeitsbereich dem Menschen die Freiheit verleiht, seine Person zum Selbstzweck erhöht und ihn mit der erschreckenden Würde bedenkt, sich selbst Gesetzgeber zu sein. Nachdem er also im Reich des Sittlichen die Selbstherrlichkeit des Menschen gleichsam bis zum Himmel erhoben, muß er ihn in der Welt des Rechtlichen durch die Gewalt gewissermaßen unter sich selbst erniedrigen. Wie läßt sich ein so bedenkliches Dilemma in der Lehre eines so mächtigen Geistes erklären? Doch nur aus der Tatsache, daß Kant zu diesem kleinen Gott der Welt, der von Irrtümern, Wünschen, Begierden, Leidenschaften, Interessen und andern trügerischen Mächten hin und her gezerrt wird, nicht das geringste Vertrauen hegt. Sagt er doch selbst, daß der Mensch ein Tier sei, das, wenn es unter andern seiner Gattung lebe, einen Herrn benötige. Denn er mißbrauche seine Freiheit gegenüber seinesgleichen. Und wenn er auch als vernünftiges Geschöpf ein Gesetz wünsche, das der Freiheit aller Schranken setze, so verleite ihn doch seine selbstsüchtige tierische Neigung zu dessen Verachtung. Er bedürfe also eines Herrn, der seinen Eigenwillen breche und ihn nötige, einem allgemein-

---

[7] Methaphysik der Sitten, S. 35—37.
[8] Kritik der praktischen Vernunft, S. 31, 34, 37, 41—43, 44/5 u. 55.
[9] Kant, Grundlegung zur Metaphysik der Sitten, S. 44/5.

Zum Grundsatz von der Unableitbarkeit des Sollens aus dem Sein

gültigen Willen zu gehorchen. Wo aber solle er einen solchen Herrn hernehmen, wenn nicht aus der Menschengattung? Aber dieser erweise sich ebenfalls als Tier, das eines Herrn bedürfe. Er möge es also anstellen, wie er wolle, so sei doch nicht abzusehen, wie er sich ein Oberhaupt der öffentlichen Gerechtigkeit schaffe, das selbst gerecht sei. Diese Aufgabe sei die schwerste unter allen und ihre vollkommene Lösung unmöglich. Denn aus so krummem Holze, wie der Mensch geschnitten sei, lasse sich nichts ganz Gerades zimmern[10]. Welch schöne Philosophie, die aus diesem durch Gewalt gezähmten Untier einen Legislator in der erhabenen Welt der Sittlichkeit macht!

Mag sich nun die Rechtfertigung des Kantschen Rechts- und Sittlichkeitsformalismus gestalten, wie sie will, so brechen doch bereits mit ihr die Seins- und Sollensordnung auseinander. Wenn der Mensch das Ding an sich weder zu erkennen noch zu ergründen vermag, wenn sich seiner Erkenntnis mit dem Splitter des Kantschen Mißtrauens im Auge die außerverstandliche Wirklichkeit der ganzen sinnlichen und körperhaften Welt entzieht, wenn sie an der unermeßlichen Mannigfaltigkeit des Geschöpflichen nur das zu erfassen vermag, was sie selbst in sie hineinlegt und wenn sich so in ständigem geistigem Setzen in der idealistischen Sicht das Denken in Sein verwandelt, so läßt sich keine Rechts- und Sittenordnung mehr aus dem Sein holen. Dabei müssen auch die aus dem Sein und der Natur der Persönlichkeit quillenden wesenhaften Strebeanlagen als metaphysische Bestimmungsgründe versagen, weil nach Kant im Unterschied zu Descartes ja selbst das denkende Subjekt nicht einmal sicher im Sein steckt. Nicht verwunderlich ist es nun, daß sich diese idealistische Anschauung von einer unüberbrückbaren Kluft zwischen Sein und Sollen in den Nach- und Neukantianismus ergoß, wobei sich beispielsweise bei Fichte der schroffe Gegensatz zwischen Sein und Sollen geradezu zum Grundgerüst seines Systems auswuchs. Von der

---

[10] Vgl. Kant, Idee zu einer allgemeinen Geschichte in weltbürgerlicher Absicht, 4. bis 6. Satz; Zur Kantschen Sittlichkeit vgl. weiter Ueberweg, Grundriß der Geschichte der Philosophie, III. Teil, Die Philosophie der Neuzeit, hrsg. von M. Frischeisen-Köhler, Berlin 1924, S. 579 f. und H. Cohen, Kants Begründung der Ethik, Berlin 1910, S. 179 ff. und insbesondere 400 ff. Zur Kritik des Kantschen Formalismus in der Ethik vgl. insbesondere M. Scheler, Der Formalismus in der Ethik und die materiale Wertethik, IV. Aufl. von Maria Scheler, Bern 1954, S. 29 ff., 46 ff., 60—65; 66 ff., 83—105, 140—43, 179 ff., 236—45, 251—56, 287—88, 381 ff., 506 ff. und 515 ff. Der Kantschen Auffassung von einer Unüberbrückbarkeit zwischen Sein und Sollen huldigen etwa Simmel, Einleitung in die Moralwissenschaft, S. 8 f. u. 12 ff.; Laun, Staat und Volk, Barcelona 1933, S. 327 ff., J. Dobretsberger, Erkenntnistheorie und Naturrecht in „Gesellschaft, Staat und Recht" (Festgabe Kelsen) S. 5 ff.; W. Burckhardt, Methode und System des Rechts, Zürich 1936, S. 35/6; Giacometti, Staatsrecht der schweizerischen Kantone, Zürich 1941, S. 20 ff. und F. Achermann, Das Verhältnis von Sein und Sollen als ein Grundproblem des Rechts, Winterthur 1955, S. 85 ff. und 111 ff.

nämlichen Anschauung ist nun auch die tief im Marburger Neukantianismus wurzelnde Reine Rechtslehre durchtränkt. Denn aus der philosophischen Schau dieser Geistesrichtung, die den Primat der Methode und der Logik zuteilt, hat Kelsen seine Rechtslehre entwickelt.

II. Wie schon betont[11], hat nach Kelsen die Rechtswissenschaft kein seinsweltliches Geschehen zu erklären. Nur Normen bilden ihren Gegenstand, deren Inhalt weder aus der Vernunft, noch der Natur der Sache, noch aus sonstigen außerrechtlichen Elementen, sondern nur aus dem positiven Recht geholt werden darf. Denn die Welt des Seins und ihre in Naturgesetzen sich enthüllende kausale Erklärung heben sich aufs entschiedenste von der Sollenswelt und ihren den Normen zugekehrten Wissensbereichen ab. Während die Naturwissenschaften das tatsächliche Gebaren der Dinge aufzeigen und ergründen und damit die vereinzelte Dingwelt erfassen, stellen andere Wissenszweige Normen auf, die ein Verhalten vorschreiben und ein Sollen gebieten. Diese vollendete Unterschiedlichkeit und Andersheit von Sein und Sollen gestaltet einen ebenso tiefgreifenden Gegensatz zwischen Naturgesetz und Norm und Natur und Geist heraus, wobei sich das Sein und Sollen zu etwas ganz Unrückführbarem, Unableitbarem und Ursprünglichem auswachsen. Dabei enthüllt sich dieser Gegensatz plötzlich als rein formallogisch, und solange man sich in den Grenzen formallogischer Betrachtung hält, finden sich beide Welten durch einen unübersteigbaren Abgrund getrennt. Daher läßt sich aus dem Sein kein Sollen und aus dem Sollen kein Sein deduzieren. Bloß mit der Frage nach dem letztlichen Entstehen und Untergang des Sollens durchbricht man das Gehäuse der normativen Erkenntnismethode, in das sich die Reine Rechtslehre eingeschlossen hat[12]. Denn damit, meint Kelsen, stieße man in die Welt des Seins hinaus, genauso wie man mit der nämlichen Fragestellung bezüglich des Seins in die Sollenswelt hineinbräche. Doch darf man aus dem Blickpunkt der normativen Erkenntnismethode nicht nach der „Entstehung und Zerstörung des Sollens" fragen, weil diese ihr wissenschaftliches Betrachten und Forschen nur auf das bestehende im Gesetz verankerte Sollen eingestellt hat[13]. Mit dieser folgenschweren Grundanschauung wird natürlich jede Naturrechtslehre höchst fragwürdig. Übrigens verdunkelt sich ja in Zeiten, wo sich das große Anliegen der Philosophie, die Vertiefung in die Seinsmetaphysik, immer mehr verliert, auch die Idee und die klare Anschauung

---

[11] Vgl. oben, II. Kap., II.
[12] Vgl. Hauptprobleme, Vorrede, S. V ff. u. S. 4—10 und F. Kaufmann, Juristischer und soziologischer Rechtsbegriff, in Gesellschaft, Staat und Recht, S. 35 ff.
[13] Vgl. Hauptprobleme, S. 9—10, 41 ff., 49 ff. u. 70; Der soziologische und juristische Staatsbegriff, S. 75—82 und Allgemeine Staatslehre, Vorrede und S. 6 ff.

des Naturrechts. Verficht man die Unerkennbarkeit der Dingwesenheiten und ihrer Seinsordnung, so kann man auch das Sollen nicht mehr im Wesen des Menschen und in der gegenständlichen Seins- und Wirklichkeitswelt verankern. So brechen dann Sein und Sollen und Sittlichkeit und Recht auseinander[14].

III. Und dieser Bruch zwischen dem Sein und dem Sollen und der Wirklichkeits- und Sollenserkenntnis bildet auch den entscheidenden Sturz in den Rechtsformalismus. Bindet man nämlich den Geist von der Betrachtung der aus dem Sein und Wesen des Menschen, der Geschöpfe und der Wirklichkeit der Beziehungsverhältnisse gewonnenen Sollensinhalte los, so muß er sich notgedrungen allein auf den bloßen Hervorgang des Normgehalts aus der Gesetzgebungsgewalt stürzen. Er klammert sich damit nur noch an den nackten formgerechten Erlaß, an die regelrecht geronnene Befehlsgestalt der Norm und an alles, was die Gestaltung ihres Zustandekommens und ihren Eintritt in die Rechtswelt beschlägt und normiert. Das alles berührt aber immer nur das verfahrenshafte Werden der Norm und die gesetzgeberische Einkleidung in ihre Formgestalt und zeichnet sich für alle Normen auf die nämliche Weise ab. Damit schnürt man die geistige Sicht auf das Gehäuse des rein Formalen ein. So starrt dann der Formalist wohl auf das Befehls- und Willenshafte, aber nie auf den tieferen Sinn und Gehalt, die innere Vernunft und den verborgenen Geist der Norm, der vielfach erst durch eindringende Forschung und Ergründung vom Dunkel ins Licht gehoben werden muß. Ebenfalls sieht der im gesetzlich Formalen befangene Geist auch nicht das Leben, Wirken und Walten der Norm in ihrer vom gesetzgeberischen Willen losgelösten Wirklichkeit. Er starrt auf die Endgültigkeit und Unberührbarkeit ihres im Erlaß gipfelnden Willens und damit auf ihre normhafte, von der lebendigen Wirklichkeit immer weiter fliehende Vergangenheit.

IV. Weiter zeichnet sich dieser aus dem Kantschen Idealismus herausgewachsene Rechtsvoluntarismus und -formalismus auch gewissermaßen als ideologischer Untergrund des in alle Gebiete hineindringenden modernen Gesetzgebungsstaates ab. Aus der idealistischen Sicht heraus kann das Recht nur aus dem Gesetz hervorgehen. Aus ihm schöpft es sein Wesen und Dasein, seine Einzelgestalt und seinen Halt und versinkt im Nichts, wenn dieser Gesetzesgott es nicht am Leben erhält. Es verleiht auch jeglichem Recht seine Form und sein Maß, mag dieses sich auch als etwas von der Norm Grundverschiedenes ausnehmen und seins- und wesenhaft in den menschlichen Beziehungsverhältnissen angelegt sein.

---

[14] Vgl. Rommen, Die ewige Wiederkehr des Naturrechts, Leipzig 1936, S. 163 ff.

Weiter erzeugen und gestalten nach idealistischer Anschauung die Normen sogar das eigentliche Sein der rechtlichen Sachverhalte, während sich diese doch in der nackten Wirklichkeit vorfinden und mit sozusagen barer Selbstverständlichkeit die in ihnen wesenden Rechte und Pflichten aus sich herausbilden und entfalten. Daher entwerfen und umreißen die rechtlichen Sachverhalte in ihrer sinnvollen Wesensgestalt im Grunde genommen ja auch den Inhalt der Gesetze und schicken so das Maß der Regelung gewissermaßen voraus, womit die Normen dem Gesetzgeber geradezu von den beziehungshaften rechtlichen Seinsverhältnissen zufließen.

Gestaltet sich aber das Gesetz zum alleinigen Schöpfer der Rechtswelt, so muß notgedrungen alles Rechtliche in die positive Gesetzlichkeit hineingebettet werden, wenn es überhaupt ein „iuridicum" werden will. Denn was sich der Form- und Prägekraft und Regelungskunst der Gesetze entzieht, kann überhaupt nicht juristische Existenz erlangen. Nur das Gesetz vermag dann ein aufs Rechtliche angelegtes Beziehungsverhältnis ins juristische Dasein zu zaubern. Können aber die rechtlichen Gebilde ihr Dasein nur mehr aus dem Gesetz holen, so muß der staatliche Legislator das ganze Gesellschafts-, Gemeinschafts- und Staatsleben bis in seine vereinzelten Verästelungen hinaus normativ zu erfassen und zu durchdringen suchen, wenn er es nicht einfach in der Rechtsleere und Rechtlosigkeit versenken will. So wächst dann allmählich aus dieser idealistischen und aufklärerischen Grundschau das moderne Ungetüm des Gesetzesstaates hervor, der das ganze Einzel- und Gemeinschaftsleben immer mehr in seine immense Gesetzlichkeit hineinsaugt und mit seinem vermessenen Gesetzesrationalismus alles Menschliche und Gemeinschaftliche überwuchert. Es ist der Staat der genauesten Berechnung, der klügsten Vernünftelei, der durchdringendsten Organisation, der vollendetsten Vorsehung, der vermessensten Überheblichkeit und der ausgedehntesten Gesetzlichkeit. Nur schade, daß er zum Ungeheuer wird[15]!

Denn der rationalistische Gesetzesstaat kann sich auch zum Staat der durchtriebensten und kältesten Tyrannei auswachsen. Wird das Gesetz zur Quelle allen Rechts, so kann man ganze Menschengruppen und Völkerschaften entrechten und die größten Verbrechen in das Kleid der vollendetsten Gesetzlichkeit hüllen. Zu ihrer angeblichen Rechtlichkeit und Unanfechtbarkeit genügt es, wenn das formelle Gesetz sie befiehlt und so das schwärzeste Unrecht in blankstes gesetzliches Recht verwandelt. Und dann bricht das über die Staaten und Völker herein, was schon Seneca andeutete, wenn er in einem seiner Briefe an Lucilius sagte:

---

[15] Vgl. diesbezüglich R. Marcic, Vom Gesetzesstaat zum Richterstaat, Wien 1957, S. 232 ff.

„Ex senatus consultis plebisque scitis saeva (crimina) exercentur"[16]. Denn auch die größte Macht der Welt bedarf noch immer der Zauberkunst der Gesetzlichkeit, um ihre Verbrechen mit dem Schein der Rechtlichkeit zu decken.

V. Mit der Kelsenschen Anschauung einer vollendeten Trennung und gegenseitigen Abkapselung zwischen Sein und Sollen verstrickt man sich indessen in bedenkliche Widersinnigkeiten. Ein solcher Widersinn steckt bereits im Inhalt der Kelsenschen Rechtsnorm selbst. Diese bedeutet ja ein Gebot, das im Sollen einen bestimmten Tatbestand mit einer bedingten Folge verknüpft. Unter bestimmten im Rechtstatbestand festgehaltenen Bedingungen soll eine ebenso genaue im Rechtssatz umschriebene Folge eintreten, die sich im Zwangsakt oder in der Sanktion enthüllt. Dabei schöpft diese Verknüpfung zwischen Tatbestand und Rechtsfolge ihr ganzes juristisches Dasein aus der rechtsautoritativ gesetzten Norm. Wenn also — um in die Fundgrube des anschaulichsten rechtlichen Erfahrungsmaterials hinabzugreifen — ein hemmungsloser Raufbold ein unschuldiges Opfer überfällt, es schwer verletzt und ihm damit einen bedeutenden Schaden zufügt, so besteht — aus der Sicht der reinen Rechtslehre gesprochen — eine Art Rechtszwang zur Schadensvergütung, wobei die Nichterfüllung der Schadenersatzpflicht die Zwangsvollsteckung in das Vermögen des Schuldigen nach sich zieht. Indessen besteht nun nach Kelsen diese Schadenersatzpflicht bloß kraft der Norm, während der hausbackene Menschenverstand den ganzen rechtlichen Wesens- und Daseinsgrund dieser Pflicht in die schuldhafte Schadensverursachung verlegt und damit das Sollen dieser Pflicht aus dem Sein der Schuld und der Schadensverursachung deduziert. Und damit trifft er auch den Nagel auf den Kopf. Findet sich doch auch privatrechtlich gesprochen die ganze juristische causa einer solchen Verpflichtung im Tatbestand der schuldhaft herbeigeführten Schädigung. Bestünde somit auch gar keine positive Rechtsnorm, über deren Leisten man diesen Tatbestand spannen könnte, so bestünde dennoch die genannte Pflicht, weil sie ihren Existenzgrund nicht aus der Norm schöpft. Und enthielte die staatliche Rechtsordnung auch eine solche Norm, so fände sich diese gegenüber der Ersatzpflicht in der lediglichen Rolle einer vor- oder abbildlichen Ursächlichkeit.

Die hier aus der simpelsten und alltäglichsten Erfahrung herausgegriffene Untat enthüllt sich nun aber als bloßer Anwendungsfall der Wiedergutmachung von einem andern rechtswidrig und schuldhaft zugefügtem Schaden. Sie nimmt sich somit als lediglich beispielsweise Ausgestaltung des rechtlichen Verhalts einer unerlaubten Handlung aus, die sich täglich in tausend und abertausend Wiederholungen gefällt. Dazu kön-

---

[16] Seneca, ep. ad Lucilium 95; vgl. auch die Bemerkung von Tacitus in seinen Annalen III. 25: „Ut olim vitiis, sic nunc legibus laboramus".

nen sich solche schuldhafte Schädigungen in die mannigfachsten äußeren Handlungen ausgestalten, wobei sich außerdem die Schuld in die Wesensform der Absicht und Fahrlässigkeit kleidet. Die schwersten Fälle haben übrigens die modernen Strafrechte in den Vergehen gegen Leib und Leben und gegen das Vermögen, die Ehre, die Freiheit und Sittlichkeit zusammengefaßt und mit Strafe bedacht. In dieser Wiedergutmachung und Restitution enthüllt sich indessen ein ganz fundamentaler Rechtsgedanke der ausgleichenden Gerechtigkeit. Denn der durch ein solches Handeln bewirkte Schaden bedeutet nichts anderes als eine Vermögensminderung und besteht im Unterschied zwischen dem gegenwärtigen Vermögen des Geschädigten und dem Bestand, den sein Vermögen aufwiese, wenn das schädigende Ereignis unterblieben wäre. Es wird somit durch den Ersatz ein gegenwärtiger oder zukünftiger Vermögensverlust ausgeglichen, womit dem Geschädigten mit der mengenhaften Gleichheit dieses Schadens und dem Ersatz sein Recht wird. Dabei drängt sich dem menschlichen Geist und Gewissen dieser grundlegende Ausgleich mit solcher Eindringlichkeit, Unabweisbarkeit und Selbstverständlichkeit auf, daß die sich darauf pfropfende Rechtspflicht ihren eigentlichen Wesens- und Existenzgrund gar nicht aus einer im Gesetz befindlichen Norm, sondern aus dem Seinsverhalt dieses Unrechts schöpft. Die ausgleichende Gerechtigkeit erscheint hier somit in der ganzen Nacktheit eines nach einem unabdinglichen Ausgleich schreienden Sachverhalts. Mit unüberwindlicher Wucht treibt sie das Recht und die Pflicht zum Ersatz aus dem Sein des Unrechts hervor. Gestaltet nun das positive Recht diesen jedem Menschengeist einleuchtenden Rechtssachverhalt in Normen aus, so finden sich diese gegenüber solchen Ersatzpflichten und -rechten, in der Schickung einer bloßen exemplarischen Kausalität. Sie treiben sie also nicht mit der Macht der Wirkursächlichkeit aus sich selbst oder aus dem gesetzlichen Willen hervor. Denn bevor sie der gesetzgeberische Geist in der Befehlsgestalt der Normen verankerte, fanden sie sich als aus dem nackten Deliktssachverhalt geborene Schöpfungen der Rechtswelt und Gerechtigkeit vor. Und selbst wenn diese Gesetze den Umfang und die Tragweite dieser Schadenersatzrechte und -pflichten auch etwas feiner umgrenzen und zu einer genauern Umschreibung der Berechtigten und Pflichtigen ausholen[17], so verbleiben sie doch immer ins Wesen der beispielhaften Ursächlichkeit gebannt, aus der sie keine Menschenmacht herausziehen kann.

Ganz ähnlich wurzeln auch alle im Institut der ungerechtfertigten Bereicherung und der wechselrechtlichen Bereicherungsklage festgehaltenen Rechte und Pflichten im Sein einer rechtsgrundlosen Vermögensver-

---

[17] Dabei dreht es sich dann um die auf dem Wege der Schlußfolgerung und eingrenzenden Bestimmung erfolgende positivgesetzliche Ausgestaltung eines im tiefsten Sinn naturrechtlichen Sachverhalts.

schiebung und lassen sich ohne diesen seinshaften Wurzelgrund überhaupt nicht ausdenken. Denn auch hier enthüllt sich ein Grundsachverhalt der ausgleichenden Gerechtigkeit. Mit den mannigfachen Regressen erstreben diese zivilrechtlichen Gebilde in eindringlicher Weise die Verwirklichung des Gleichen und Gerechten zwischen Personen, unter denen sich ein Zuwenig und Zuviel, ein Ungleiches und ein Unrecht eingeschlichen hat. Aber auch hier bleiben die einschlägigen Rechtsnormen auf die bescheidenere Rolle einer abbildlichen Ursächlichkeit zurückgedrängt, weil die diesbezüglichen Rechtspflichten ihr Dasein aus dem nackten beziehungshaften Seinsverhalt der Bereicherung schöpfen.

In gleicher Weise verhält es sich auch mit Grundpflichten, die aus vertraglichen Tatbeständen fließen. Wenn zwei Personen miteinander einen Kaufvertrag abschließen, so schuldet die eine den Preis und die andere die Ware. Dabei schöpfen diese beiden Rechtspflichten ihren Seinsgrund aus der Existenz des Vertrags und sind miteinander in eine solche Abhängigkeit verflochten, daß die eine eigentlich nicht ohne die andere zu bestehen vermag. Sie sind also seins- und existenzhaft miteinander verquickt, ob nun eine Privatrechtsnorm diesen Hervorgang aus dem tatbestandlichen Sein und ihre gegenseitige Verknotung noch unterstreiche oder nicht. Denn im Versprechen einer Leistung zeichnet sich ein seins- und beziehungshafter Grundvorgang ab, der mit der darauf bezogenen Annahme verquickt, die rechtliche Verbindlichkeit in die Welt der Wirklichkeiten setzt. Sie schöpft somit ihr Dasein aus einer in der Person angelegten Grundmacht, die sich in bestimmten Wesensformen und auch in rechtlichen Gebilden kundgibt und auslebt. Und diese Macht läßt sich, wie schon vermerkt[18], nur als Vermögen ansprechen, wirkmächtiger Grund eines andern und dessen eigentliche Entstehungs- und Veränderungsursache zu sein. Als Macht in der Welt des Rechtlichen, und als Rechtsmacht enthüllt sich der rein rechtlich wirkende und sich auslebende Entstehungs-, Aufhebungs- und Veränderungsgrund von Rechten und Rechtsverhältnissen. Diese gestaltet sich nun zur rechtlich gewissermaßen alles vergründenden Handlungsmacht und -fähigkeit, die im geist-, vernunft- und willensbegabten Menschen als grundlegende und immerfort zeugende rechtliche Wirkkraft angelegt ist[19]. Im privat- und öffentlich-rechtlichen Bereich strömen nun aus dieser personalen Grundmacht die verschiedensten juristischen Gebilde und Rechte und Pflichten hervor. Daher knüpft ja selbst das gesetzte Recht das Wesen und Dasein unzählbarer juristischer Bindungen und Rechts- und Pflichtverhältnisse an den Seins- und Tatbestand dieser sich in Willensäußerun-

---

[18] Vgl. oben, IV. Kap., IX. mit Anm. 94.
[19] Vgl. Vonlanthen, Zum rechtsphilosophischen Streit über das Wesen des subjektiven Rechts, Zürich 1964, S. 26/7.

gen, Anträgen und Annahmen kundgebenden personalen Rechtsgewalt. Nicht das Gesetz zaubert sie also vom Nichts ins rechtliche Dasein, sondern die im geistigen Personkern wurzelnde Geistes- und Willensmacht. Und diese schickt also gewissermaßen aus ihrem eigenen wirkmächtigen sittlichen Untergrund die Bindung und das in beziehungshaften Akten verankerte Sollen in die Welt. Dazu gesellt sich noch der Umstand, daß der in Gemeinschaft mit seinesgleichen lebende Mensch auf die rechtliche Festigkeit und Unabdinglichkeit dieser dem personalen Geistgrund entsteigenden und an ihn sich wendenden Versprechen und Bindungen angewiesen ist. Aus seiner eigenen Natur und Anlage heraus empfängt er also gewissermaßen seine innere Einstellung und Ausrichtung auf diese rechtliche Bindegewalt der Menschen. Man kann daher mit Reinach sagen, daß kein Anspruch und keine Verbindlichkeit ohne „Grund" zu existieren beginnt oder erlischt. Erwächst oder erlischt er, so tritt im nämlichen Augenblick ein Etwas ins Dasein, aus dem er sein Erwachsen oder Erlöschen holt und von dem diese sozusagen durch alle Zeiten getragen werden. Und immer wenn sich das nämliche Geschehen wiederholt, so erwachsen und vergehen geradezu nach einem ewigen Gesetz der nämliche Anspruch und die nämliche Verbindlichkeit[20].

In seinen fundamentalsten Grundbeständen quillt also das Sollen gewissermaßen aus verschiedenartigen Seinsverhalten hervor, die vom Geist und Willentlichen der menschlichen Person getragen und gespeist sind. Und das enthüllt sich in gewissen Tatbeständen mit einer solchen Wucht und Evidenz, daß der Geist sich diesem Grundgesetz kaum verschließen kann. So erlischt eine Verbindlichkeit mit ihrer Erfüllung gegenüber dem Gläubiger und es hieße Wasser ins Meer tragen, wollte man diesen so einleuchtenden Rechtssatz noch lange erklären und auflichten. Ebenfalls vergeht eine Verbindlichkeit mit dem angenommenen Erlaß des Berechtigten und kein Recht kann diese Tatsache mit ihrer unausweichlichen Rechtsfolge verkehren und auf den Kopf stellen. Knüpfen die Parteien mit ihren Abmachungen ihre Forderungen und Verbindlichkeiten an Bedingungen, so ist deren Werden und Vergehen aus der Kraft des Tatbestands heraus mit den in diesen Bedingungen festgehaltenen ungewissen zukünftigen Ereignissen verquickt. Und dieser Ungewißheit kann sie kein Gesetz entwinden, weil sie dieses schwebende rechtliche Schicksal aus dem Seinsbefund der Parteivereinbarungen schöpfen. Überschaut man übrigens den immensen Bereich des Privatrechts, so stößt man auf die unleugbare Tatsache, daß die meisten privaten Rechte und Pflichten aus eigentlichen vom Geist und Willen des Menschen gesetzten Seinsbeständen herauswachsen, wobei die staatliche Nor-

---

[20] Zur Phänomenologie des Rechts (Die apriorischen Grundlagen des bürgerlichen Rechts) München 1953, S. 32.

Zum Grundsatz von der Unableitbarkeit des Sollens aus dem Sein 71

mierung geradezu völlig in die vor- und richtbildliche Ursächlichkeit zurücksinkt. Und nur weil es in dieser Rechtssphäre aus dem menschlichen Handeln hervorquellende relationale Gebilde wie das Versprechen, die Ermächtigung, die Übertragung, den Widerruf, die Verrechnung, die Bedingtheit und Unbedingtheit usw. gibt, bilden sich die nämlichen Rechtsbegriffe und die gleichen in ihnen gründenden Gesetzlichkeiten heraus. Daher findet man auch in allen Rechtssystemen bestimmte Begriffe und rechtliche Normierungen wieder. Und diesen wunderlichen Sachverhalt vermögen nicht der Zufall und die Willkür der Legislatoren, sondern nur die aus dem objektiven Sein dieser außerverstandlichen Wirklichkeiten herausgewachsenen und gewissermaßen in die Gesetzgebung geschockten juristischen Regelungen zu erklären[21]. Die genannten Rechtsgebilde nehmen sich also keineswegs als Schöpfungen des positiven Rechts aus. Sie haben ihr Sein und fristen ihre Existenz wie andere Wirklichkeiten. Das gesetzte Recht findet sie also vor und erzeugt sie mitnichten. Es empfängt aus ihnen und ihrem wahrhaften und sinnvollen Leben seinen eigenen normativen Gehalt.

Auf den nämlichen Sachverhalt stößt man auch im Gebiet des Strafrechts. Denn im grundlegendsten Strafrechtsbereich holt doch die Ahndung der Vergehen und Verbrechen ihren Rechtsgrund aus der Deliktsbegehung und damit aus einem oft verwickelten Seinsbestand. Daher stürzte die Formung von Unterlassungstatbeständen die Strafrechtsdoktrin immer in etliche Verlegenheit, weil eben an den Unterlassungen nichts Akt- und Seinshaftes zu erfassen ist und sich das strafrechtliche Sollen der Strafe immer auf das Sein des Deliktstatbestandes aufpfropft. Diesen fundamentalen Sachverhalt vermag selbst der Grundsatz „nulla poena sine lege" nicht umzustürzen. Einmal ändert nämlich der Hereinbezug eines Tatbestands in die Strafbarkeit am innern Unrecht und an der geistigen Verkehrtheit und Widersinnigkeit, die im Wesen eines aus einer Tatenreihe herausgewachsenen juristischen Beziehungsverhältnisses stecken, gar nichts. Der deliktische Sachverhalt ist nicht wesenhaft juristisch und Unrecht, weil er sich in einer Strafrechtsnorm findet, sondern er ist strafbar und schreit nach Verfolgung, weil er an sich substantielles, schweres und gemeingefährliches Unrecht bildet. Erwähnenswert ist beispielsweise, daß der Kanton Uri in der Schweiz bis zum Inkrafttreten des schweizerischen Strafgesetzbuches über kein eigenes erlassenes Strafrecht verfügte. Dennoch bestrafte er seine Übeltäter nach dem herkömmlichen Gewohnheitsrecht, wobei sich kein vernünftiger Mensch an solcher Praxis stieß[22]. Dagegen verwandeln die aus

---

[21] Vgl. Reinach, op. cit. S. 14 f. u. 216 f.
[22] Vgl. Hafter, E., Lehrbuch des schweiz. Strafrechts, Allgemeiner Teil, Berlin 1926, S. 17. Diese Praxis wurde auch im großen und ganzen vom schweiz. Bundesgericht geschützt. (Vgl. BGE 39 I 42 f.)

dem Abgrunde der Bosheit stammenden modernen Gewaltstaaten durch ihre unmenschlichen Gesetze auch das ehrenhafteste Handeln in krassestes Unrecht, wobei sie sich in den empörendsten Perversionen des wahrhaft Rechtlichen und Gerechten gefallen und das Unrecht geradezu zum gesetzlichen System erheben. Und wenn sich der schon genannte strafrechtliche Fundamentalsatz aus einem Sicherheitsbedürfnis gegen richterliche Zuchtlosigkeit und eine eventuell überbordende Generalisierung der Straftatbestände heraus entwickelte, so läßt sich sein Sinn und Zweck aus einer formalistischen rechtsphilosophischen Schau heraus ins gerade Gegenteil verkehren, wenn man durch Gesetz die verbrecherische Staats- und Strafrechtspflege zur angeblich wahrhaftesten Rechtswahrung gestaltet. Die reine formale Gesetzlichkeit rettet also noch nicht ins Recht und Gerechte, sondern kann gerade mit dem Schein ihrer Gesetzlichkeit und Rechtlichkeit das abgründigste Unrecht zudecken. Ja selbst die gesetzloseste Willkür läßt sich zum Gesetz erheben. Und weil sich das Gesetz selbst so leicht zum Hort des Unrechts der Staatsmacht auswachsen kann, so muß sich das Recht, das Gerechte und das Unrecht seinem tiefsten Wesen nach in der Wirklichkeit finden, bevor es in die Abbildlichkeit der menschlichen Gesetze aufgenommen wird. Es ist somit in seinem eigentlichen Sein in den von dem menschlichen Geist und Willen gesetzten juristischen Sachverhalten selbst angelegt und beheimatet. Übrigens bildet ja im kriminellen Bereich die Strafe eine bloße Zutat zu an sich gemeingefährlichem Unrecht, das die Gemeinschaft wegen seiner abgründigeren und bedrohlicheren Ungerechtigkeit und Bosheit wirksam lähmen und ahnden muß.

Allerdings stößt man nun im öffentlichen Recht auf einen beachtlichen Bestand bedeutender Rechtspflichten und Rechte, die ihr Sollen sozusagen restlos aus dem Gesetz zu schöpfen scheinen. Es handelt sich dabei etwa um die mannigfaltigen Steuern, Subventionen und andere zahlreiche öffentlich rechtliche Pflichten, die in keiner wahrhaften rechtlichen causa wurzeln. Hier scheinen sich die Rechtsnormen zur eigentlichen Wirkursache des in diesem ausgedehnten Pflichtenkreis sich enthüllenden Sollens auszuwachsen. Und doch knüpfen auch diese öffentlichen Rechts- und Pflichtenbereiche an bestimmte in der Wirklichkeit wesende Sachverhalte an. Allerdings vermögen diese Tatbestände vielfach nicht aus eigener Machtvollkommenheit die ihnen entsprechenden Rechte und Pflichten aus sich heraus zu zeugen, weil sie überhaupt nicht dem Geistigen und Willentlichen des Menschen entquellen. Das staatliche Recht pfropft so die fraglichen Rechte und Pflichten gewissermaßen auf ihre nackte Tatsächlichkeit, wobei sie dann zum bloßen tatbestandlichen Untergrund herabsinken und sich damit zu einer Art fundamentum in re für diese verschiedenartigen Rechtsgebilde gestalten. Das der iustitia legalis angehörende Staats- und Verwaltungsrecht ist eben viel tiefer mit der

Gesetzlichkeit als das Privatrecht verflochten und bedarf mit seiner beständig sich ausbreitenden Hinordnung auf die mannigfaltigen Gemeinschaftsbelange einer klaren und genauen rechtlichen Normierung. Außerdem ist es ja nicht zum vornherein ausgemacht, wie sich die Förderung des Gemeinwohls in einem bestimmten Sachbereich rechtlich gestalten soll. Das diesbezügliche Juristische läßt sich in seinen Einzelheiten und seiner sich in Organen, Kompetenzen, Maßnahmen und Rechten und Pflichten enthüllenden Vergegenständlichung nur durch Normen der Staats- und Gemeindegewalt einfangen. Dieser im eigentümlichen Wesen dieses Gerechtigkeitsbereichs wurzelnde Sachverhalt vermag indessen den offensichtlichen Widersinn der Kelsenschen Anschauung von der Unableitbarkeit des Sollens aus dem Sein nicht zu beheben. In Wahrheit läßt sich ja einem Tatbestand nicht ein beliebiges, sondern nur das aus seiner Seins- und Wesensgestalt selbst sich herausbildende Sollen aufpfropfen. Das Dasein und die unterschiedliche Gestalthaftigkeit des rechtlichen Sollens ist somit in seinem vollen Umfang und seiner ganzen Tragweite in der Wirklichkeit des Tatbestandes angelegt. Und darin enthüllt sich auch die rechtsphilosophische Bedeutsamkeit dessen, was die Juristen häufig mit der Wendung „Natur der Sache" qualifizieren[23]. Bildet nämlich das Recht wesenhaft eine Beziehung oder ein Beziehungsverhältnis, so kann das juristische Sollen auch nur relationale Gefüge beschlagen. Doch lassen sich diese dann nur aus der innern Vernunft ihrer Seinsgestalt heraus sollenshaft ergreifen und formen[24]. Daher enthüllt denn auch der Kelsensche Rechtssatz selbst bereits die ganze Fragwürdigkeit, Brüchigkeit und Unhaltbarkeit des sooft gedankenlos verwandten rechtsphilosophischen Dogmas von der Unableitbarkeit des Sollens aus dem Sein. Und erstaunlich, ja geradezu paradox ist es, daß dieser so offenkundige Sachverhalt der mit der rechtsphilosophischen Zergliederung des Rechtssatzes selbst anhebenden Reinen Rechtslehre so beharrlich entging.

VI. Überprüft man weiter die Funktion der hypothetischen Grundnorm im Kelsenschen Lehrgebäude, so stößt man auf die Sonderbarkeit, daß sie dem Sachverhalt der ersten Verfassungserzeugung die rechtliche

---

[23] Vgl. Gutzwiller, Zur Lehre von der Natur der Sache in „Elemente der Rechtsidee", Basel 1964, S. 141 ff.; G. Radbruch, La natura della cosa come forma guiridica di pensiero in Revista internaz. di filosofia del Diritto, Bd. 21 (1941) S. 145 ff.; W. Maihofer, Die Natur der Sache, Archiv f. Rechts- und Sozialphilosophie, Bd. 44 (1958), S. 155 ff. und insbes. S. 172 ff.; N. Bobbio, Über den Begriff der „Natur der Sache", Archiv, ibidem Bd. 44, S. 305 ff. und besonders S. 313 ff. und H. Schambeck, Der Begriff der „Natur der Sache", Österr. Zeitschr. f. öff. Recht, N. F., Bd. 10 (1959—60), S. 457 ff.

[24] Vgl. zu dieser wesen- und seinshaften Deutung des Rechts an sich Vonlanthen, op. cit. S. 89 ff. und 120 ff.

Bedeutung eines Grundgesetzes verleiht[25]. Dieser geschichtliche Vorgang bildet indessen etwas rein Tatsächliches und damit ein Sein. Dazu kommt aber noch, daß die genannte Grundnorm in ihrer nackten verstandhaften und jedem Willentlichen entblößten Vorausgesetztheit überhaupt nichts Sollenhaftes zu enthalten vermag. Sie fristet ein rein vernunfthaftes und theoretisches Wesen und Dasein. Schlösse sie jedoch etwas Willenshaftes in sich, so triebe sie als wirkmächtiger Grund ein Sollen aus sich hervor und wüchse sich solcherweise zu dessen causa efficiens aus. Damit vermöchte sie selbst aber kein Sollen, sondern nur mehr den letztlichen tragenden Grund zu bilden, aus dem das Sollen wirk- und zweckursächlich hervorgeht. Sie nähme sich also als Sein aus, das mit ungeahnter Macht das rechtliche Sollen den vernunft- und willensbegabten Geschöpfen in den Geist einsenkt. Läßt sich nun aber nach Kelsen aus einem Sein kein Sollen folgern, so kann man weder einen historischen noch einen logischen Tatbestand in ein staatliches Grundgesetz umdeuten, es sei denn man verfechte das gerade Gegenteil des genannten Dogmas, womit man sich in einen Selbstwiderspruch verwickelt. Übrigens enthüllen sich auch die Lehre vom Stufenbau des Rechts und das ganze methodische Vorgehen der Reinen Rechtslehre als ständiges Umdeuten von Seinstatbeständen in normative Sachverhalte. Denn aus der Grundnorm schöpft ja auch jede positiv-rechtliche Erzeugungsregel die Macht, ein Sein in ein Sollen zu verwandeln. Der Rechtsgehalt einer höheren Norm impft somit einer Norm niederer Stufe gewissermaßen ihre formale Gesetzlichkeit und Normativität ein. Dem nackten Faktum des Gesetzgebungsaktes wird somit durch eine höherstufige Rechtsbestimmung das Sein und Wesen als Norm eingesenkt. Das aus den Gesetzesberatungen als Tatsache herausgewachsene Ergebnis wird also gleichsam „denaturiert" und erfährt einen vollendeten Wesenswandel. Diese merkwürdige Schöpfermacht der höherstufigen Norm läßt sich nun aber ohne das tiefere und gehaltvollere Sein einer mit Geist und Willen versehenen Gesetzgebungsmacht kaum durchhalten. Es ist wirklich nicht einzusehen, mit welcher Selbstverständlichkeit und logischen Überzeugungsmacht die höherstufige der untergeordneten Norm das Sollen und die Gesetzlichkeit eingießt und damit einen vollendeten Wesens- und Gestaltwandel eines angeblich nackten Seinsverhalts vollzieht. Wenn die Verworfenheit eines Gesetzgebers durch Reechtsnormen den Mord ganzer Bevölkerungteile anordnete, so vermöchte ihnen doch keine angeblich übergeordnete Norm die Eigenheit von Gesetzen zu verleihen. Sie schöpfen daher ihre Normativität letztendlich keineswegs aus dem jeglichen Inhalts entleerten reinen Sollen der höherstufigen Norm, sondern aus dem Sein einer höherstehenden Gesetzgebungsmacht, deren Gewalt sich aber rechtlich nur im wahren Sinn- und Vernunftgehalt er-

---

[25] Vgl. Kelsen, Rechtsgeschichte gegen Rechtsphilosophie, 1928, S. 23 f.

Zum Grundsatz von der Unableitbarkeit des Sollens aus dem Sein 75

lassener Normen auszuleben vermag. Alle Staats- und Gesetzgebungsmacht holt somit ihre rechtliche Bindegewalt aus tiefen und unauslöschlichen Grundgesetzen des menschlichen Geistes und Urgewissens[26]. In einem ganz ähnlichen Verhältnis finden sich auch die vielförmigen rechtlichen Sachverhalte mit ihrer relationalen Wirklichkeit zu den sie messenden Normen. Da sie ihre Rechtlichkeit aus ihrer mit einem Gegenstand verflochtenen wesenhaften Beziehentlichkeit[27] schöpfen und so ihren eigentlichen Sollens- und Rechtsgehalt aus der Vernunft und dem Willen von Menschen holen, enthüllen sie sich als juristisch und sollenshaft, bevor eine fragwürdige staatliche Norm das Sollen über sie ausgießt und sie damit ins Reich der Normativität erhebt. Wenn also die Reine Rechtslehre den rechtlichen Sachverhalten ihr Sollen und ihre juristische Eigenheit bloß aus der Kraft der Normen und damit schließlich aus dem reinen formalen Sollen der hypothetischen Grundnorm zuteilt, so deutet sie damit letztlich Seinstatbestände in normative Sachverhalte um. Sie flickt so beharrlich Seins- und Sollenshaftes in Rechtsgebilde zusammen und verstrickt sich in eine widersprüchliche Haltung gegen ihre anfängliche fundamentale Stellungnahme.

Das Kelsensche Grunddogma von der Unableitbarkeit des Sollens aus dem Sein kann zudem noch von einem andern Aspekt her nicht vollständig durchgehalten werden. Wenn nämlich eine Rechtsordnung oder Rechtsnorm nur dann gilt, wenn sie im großen und ganzen befolgt wird, dann holt sie ihr Sollen — denn mit der Geltung ist eben das rechtliche Sein ihres Sollens gemeint — nicht bloß aus einer übergeordneten Norm, sondern auch aus dem nackten Sein ihrer Wirksamkeit[28]. Und da diese letztlich über die Geltung und das Sollen der Rechtsnormen befindet, wächst sie sich ihrerseits zu einer die Grundnorm überragenden Urnorm aus. Mit ihr wird dann die Rechtsordnung bloß in ihrer Wirksamkeit und damit im nackten Sein der Durchsetzungsmacht verankert. Dies offenbart sich besonders kraß, wenn eine Revolution die geltende Staatsordnung umstürzt. Hier zerschellt dann das aus der Grundnorm geschöpfte Sollen der ganzen Rechtsordnung plötzlich über Nacht am

---

[26] Vgl. J. Moor, Reine Rechtslehre, Naturrecht und Rechtspositivismus in „Gesellschaft, Staat und Recht", S. 67 ff.

[27] Alle juristischen Tatbestände gestalten sich wesenhaft beziehentlich und umschlingen als Rechtsgegenstand ein bestimmtes Objekt, das sich als Gegenstand eines subjektiven Rechts (Sachenrecht) oder eines zwischen zwei Menschen sich ausspannenden Verhältnisses ausnimmt. Kraft dieser objektbezogenen und auf einem bestimmten sinnhaften Grunde (Rechtsgrund) aufruhenden Beziehentlichkeit enthüllen sie sich als wesenhaft rechtlich und hegen unter bestimmten Aspekten Sollenhaftes in sich (vgl. dazu Vonlanthen, op. cit. S. 93—118).

[28] Vgl. oben III. Kap., I. Vgl. dazu auch M. Stockhammer, Hans Kelsens Rechtstheorie und Max Webers Soziologie im Spiegel der Erkenntnistheorie, Österr. Zeitschr. f. öff. Recht, N. F. Bd. V. (1953), S. 410 f. und 413 ff.

Felsen einer neuen Staatsmacht und versinkt in einer halben oder völligen Wirkungslosigkeit. Mit einer solchen Urnorm läßt also die Reine Rechtslehre das Sollen der Rechtsnorm schließlich aus dem Sein der staatlichen Willkürmacht hervorgehen.

VII. Zu diesen Feststellungen gesellt sich aber noch ein anderer Einwand gegen das genannte idealistische Dogma. Die Erfahrung lehrt, daß alle Rechte und Rechtsverhältnisse entstehen und vergehen. Mit ihnen sind aber auch eine unübersehbare Menge von Rechtsnormen als vorübergehende Geschichtsgebilde in die Zeitlichkeit hineingebettet. Sie sind somit auf eine beschränkte Geltungsdauer angelegt. Schöpfen diese nun ihr ganzes Sollen und ihr eigentliches normatives Gelten letztlich aus der hypothetischen Grundnorm, so muß diese ihnen auch das aus ihrer Zeitlichkeit folgende endlose Nicht-Sollen verleihen. Denn die zeitliche Beschränktheit ihrer Geltung läßt sich kaum in den Norminhalt verlegen, weil diese eben nur das vollendete und durch nichts begrenzte formale Sollen solcher Normen beschlägt. Fließt nun diesen das Sollen ursprunghaft aus der Grundnorm zu, so muß diese zugleich das Sollen und Nicht-Sollen in ihrem Wesen hegen und sich damit zu einem vollendeten in einem kontradiktorischen Gegensatz wesenden Widerspruchsgebilde verdichten. Offensichtlich läßt sich also die beschränkte Dauer und Endlichkeit der Normen nicht aus der hypothetischen Grundnorm holen[29]. Denn diese bildet ja in ihrer Wesenhaftigkeit nur makelloses, reines und ungemischtes formales Sollen und vermag sein gerades Gegenteil, das „nichtende" Sollen wirkursächlich nicht aus ihrem Seinsbestand herauszuzeugen. Denn sie ist ursprungs- und endlos und enthüllt sich damit als das reine urgrundlose Sollen an sich in seiner Ewigkeit. Und denkt man sich dieses in seiner ganzen Dimension und Tragweite aus, so stößt man, wie oben schon vermerkt[30], auf eine grenzen- und anfangslose rechtliche Willensmacht und damit auf das unendliche und sein eigenes Sein aus dem eigenen Urgrunde schöpfende Wesen. Man findet sich so unversehens mitten in der letztgründigsten und dichtesten Ursächlichkeit des Sollens, mit der alle Sollenserklärung in einer unwandelbaren, zeitlosen und allgegenwärtigen Seinsmacht ihren Abschluß findet.

VIII. Wenn sich nun aber die Kelsensche Anschauung von der Unableitbarkeit des Sollens aus dem Sein auch als folgenschwerer Irrtum ausnimmt — und zu einem solchen nicht nur die deutsche Rechtsphilosophie und das deutsche Rechtsdenken bestrickenden Irrtum brauchte es immerhin Geist —, so ist damit noch keineswegs ausgemacht, wie der als Vernunft und Wille angelegte denkende Menschengeist den Gang vom Sein in das seinen Willen bindende Sollen vollzieht. Schwer ist es ja,

---
[29] Vgl. ebenfalls Moor, op. cit. S. 61 ff.
[30] Vgl. oben Kap. IV, IX und X.

den zarten Punkt zu ergründen, aus dem das Sollen gewissermaßen aus dem Sein hervorbricht. In der platten Alltäglichkeit verwirklicht sich dieser Vorgang im geistigen Sein und Handeln des einfachen Menschen gewissermaßen von selbst und unbemerkt. Von der unvermittelten Zielsicht über das blitzhafte Überlegen und Urteilen zum Befehl oder vom allmählichen Sichten eines Zweckes über die simple Wollung, die bestimmtere Erstrebung und die schließliche Zustimmung und Entscheidung gestaltet sich dieser Umschlag von gegebenem Seienden in zu vollbringendes Sollen zum fälligen Vollzug und eigentlichen Handeln aus. Und wenn wir nun diesen Übergang in einem ganz kurzen Aufriß[31] aufzuzeigen versuchen, so halten wir uns dabei an die realistische Erkenntnislehre, nach der unser Erkennen die Wahrheit der Dinge erreicht und in deren Wesen eindringt, und diese das Maß unseres Erkennens und Wissens bilden[32]. Die menschliche Erkenntnis ist also nicht schlechthinnig aus sich selbst wahr, sondern nur weil sich das Wesen des Wirklichen in ihr abspiegelt und sie mit ihm übereinstimmt. Dabei wird der erkennende Geist das erkannte Wirkliche durch das Erkenntnisbild des Wirklichen[33], und in diesem Erkenntnisbild selbst enthüllt sich das stoffüberlegene und auf Erkanntwerden angelegte Wesen der Dinge. Unsere Geisteskraft löst nun diesen Wesenskern beim Phantasiebild von der sinnenhaften Hülle der stofflichen Bestimmtheiten los und bereitet so das geistige und dem bloß unstofflichen Wesen erschlossene Erkennen zu. So verursachen die wirklichen Dinge auf dem Wege über die äußeren Sinne, den Gemeinsinn und die Phantasie die bestimmenden Formen und Bilder, die unser Geist dann erkennend gestaltet[34]. Dabei nimmt sich das Erkenntnisbild in bestimmtem Verstande nach seinem intelligiblen Sein als das Wesen und die Natur des Wirklichen selbst aus, womit die Seele gewissermaßen in das Dingwirkliche umgestaltet wird. Und weil dieses intelligible Sein das Wirkliche in seiner verstandhaften Erkennbarkeit bildet, so gestalten sich das natürliche und intelligible Sein gewissermaßen zu zwei Seinsweisen des nämlichen Wirklichen aus. Daher findet sich im Erkenntnisbild das Wesen dieses Wirklichen selbst[35]. Da weiter ein jedes Wesen durch seine innere Form ist, was es ist, und sich mit dem Erkenntnisbild die von allem Stofflichen abgezogene innere Form des Wirklichen im erkennenden Geist findet, so wird der durch das Erkenntnisbild durchformte Geist seinerseits zum Wirklichen, weil er die

---

[31] Eine eingehende Darlegung dieser mit der Erkenntnislehre aufs tiefste verquickten Problematik würde den Rahmen dieser Arbeit sprengen.
[32] Vgl. Thomas, Summa theol. I. q. 84, art. 7 u. I. II. q. 31, art. 5 und De veritate I. 2.
[33] Thomas, Summa theol. I. q. 87, art. 1, ad 3.
[34] Damit ist der in der Philosophia perennis genannte intellectus agens gemeint.
[35] Thomas, ibidem, I. 2. 12, art. 2.

erwähnte innere Form besitzt[36]. Im Erkennen verfügt also der denkende und sinnende Menschengeist über die eigentlichen Seinsformen der Wirklichkeiten und damit über die Dingwesenheiten. Und so wird und entwirkt sich mit dem verstandhaften Erfassen alles Seienden in seinem Geiste Wahrheit, weil sich in ihm eine vollendete Übereinstimmung des Wirklichen mit seiner Erkenntnis vollzieht.

IX. Doch wie vollzieht sich nun im innergeistigen und -seelischen Geschehen des Menschen der angedeutete Übergang oder die erkenntnishafte Umsetzung von Seiendem in Gesolltes oder wie ergießt sich gewissermaßen das verstandhaft empfangene und wesenhaft erfaßte Seinswirkliche in das folgeweise Gesollte. Denn daß sich dieser erkenntnismäßige Umschlag im geistigen Innern des Menschen abwickeln muß, drängt sich sozusagen von selbst auf, wenn man einmal den eigentlichen Beginn dieses Vorgangs beim menschlichen Erkennen ansetzt. Das rechtliche Sollen und Gebundensein wird also nicht einfach und schlechtweg von außen oder vom weiter ab liegenden reinen irdischen Gesetzlichen an den Menschen herangetragen, wie sich das die Kelsensche Anschauung mit dem in der Rechtsfolge sich enthüllenden Sollen zurechtlegte. Ebensowenig setzt der menschliche Geist gewissermaßen mit sprunghaften syllogistischen Schlüssen Seinsverhalte einfach in Sollensinhalte um. Vielmehr gestalten die Erkenntnis und der Wille von der anfänglichen Sichtung eines Gutes oder Zwecks über die Erstrebung, die Entscheidung, den Befehl und den schließlichen Vollzug und damit im ganzen Entwicklungsgang des praktischen Urteils Seiendes in zu Vollbringendes und Gesolltes hinein. Dabei leiten den Menschen unabweisbare Handlungsgrundsätze, in deren Licht er aus vorausliegenden Sachlagen das entsprechende nachfolgende Rechtshandeln oder gar den Gehalt von Normen deduziert[37]. Dazu ist das Sollen in seinem tiefsten Wesen und seiner Letztgründigkeit als eigentliche natürliche Behaftung im Geistgrund des Menschen angelegt und verankert. Denn das auf dem willentlichen und freiheitlichen Untergrund sich entfaltende Handeln und Schaffen des Menschen weist auf die Vernunft zurück, von der es innerlich erleuchtet und durchformt ist. Um nun dieses im menschlichen

---

[36] F. S. Ferrariensis in S. Thomae Summa contra gentiles I. 44, zitiert bei J. Pieper, Die Wirklichkeit und das Gute, München 1949, S. 102 u. 34. Zur realistischen Erkenntnislehre vgl. Thomas, Summa theol. I. q. 84—87; De veritate q. I und X; Gredt, op. cit. Bd. I, S. 300—331, 371—83 und 391—403; Rahner, K., Geist in Welt, München 1957, S. 79—104 und 129 ff.; Pieper, J., Wahrheit der Dinge, München 1951, S. 29—97 und R. E. Brennan, Thomistische Psychologie, Heidelberg-Graz 1957, S. 95—123 und insbesondere S. 142—168.

[37] Das Sein fließt also auf dem Weg über die Seins- und Wahrheitserkenntnis in das zwecksprechende Sollen hinein und formt das menschliche Handeln so erkenntnis- und vernunfthaft aus. Der Übergang vom Sein ins Sollen vollzieht sich also nicht so, wie sich das etwa Achermann in seiner bereits zitierten Dissertation (S. 41 ff.) vorstellt (vgl. oben V. Kap. Anm. 10).

Zum Grundsatz von der Unableitbarkeit des Sollens aus dem Sein   79

Erkenntnis- und Willensbereich sich abspielende Geschehen kurz etwas aufzuhellen, müssen wir zu einer grundlegenden Unterscheidung der Philosophia perennis ausholen.

Nach ihrer Lehre unterscheidet man nämlich zwischen einem spekulativen oder betrachtenden Verstand, der das Wahrgenommene einzig auf die Betrachtung der Wahrheit hinordnet und den Dingen der vorgegebenen Wirklichkeit empfangend zugeordnet ist, und dem praktischen oder ausführenden Verstand, der alles, was er wahrnimmt, auf die Ausführung hinordnet und sich dem bloßen Handeln und Schaffen zuwendet. Die spekulative und praktische Vernunft heben sich somit durch den Zweck voneinander ab[38], sind aber keineswegs etwa zwei verschiedene geistige Grundkräfte des Menschen, sondern enthüllen sich als ein und dasselbe seelische Vermögen. Dabei bildet die spekulative oder theoretische Vernunft das Grundvermögen, das sich einfach zur praktischen ausweitet, indem sich das Erkennen auf das Wollen und Wirken richtet. „Der ausführende Verstand erkennt nämlich die Wahrheit ebenso wie der betrachtende, aber er ordnet sie auf die Ausführung hin[39]". Damit wird das durch die praktische Vernunft erkannte Wahre zum Maß des Tuns und weitet sich zum Guten aus[40]. Das Wahre und Gute schließen sich nämlich gegenseitig ein. Denn das Wahre ist ein bestimmtes Gut, sonst wäre es nicht erstrebbar, und das Gute ist ein bestimmtes Wahres, sonst wäre es nicht verstehbar[41]. So enthüllt sich die praktische Vernunft gewissermaßen als die eigentliche theoretische im Zustande ihrer Hinwendung auf das Wollen und Wirken, wobei sich diese Hinwendung in der richtegebenden, befehlenden und beschließenden Verursachung des freien menschlichen Tuns und Wirkens vollzieht. Dabei könnte sie sich gegenüber dem Willen nicht befehlend und beschließend verhalten, wäre sie nicht zuvor und zugleich erkennend und erfassend dem Sein erschlossen. Ebensowenig könnte sie das Maß des menschlichen Wirkens werden, empfinge sie nicht zuvor und zugleich das Maß von der objektiven Wirklichkeit[42]. Und gerade bei diesem Verhältnis von theoretischer und praktischer Vernunft setzt ein folgeweiser fundamentaler Irrtum der Reinen Rechtslehre ein, wenn sie im Anschluß an Kant die theoretische und praktische Vernunft trotz ihrer gemeinsamen Verankerung in demselben geistigen Grundvermögen auseinanderreißt und sie von einander unabhängig sieht. Folgeweise gestaltet sich dieser Irrtum, weil in der Kantschen Sicht die betrachtende Vernunft nicht zur wesenhaften Er-

---

[38] Vgl. Aristoteles, Über die Seele, III. 10; Thomas, Summa theol. I. q. 79, art. 11, Summa contra gentiles III. c. 75 und Pieper, ibidem, S. 45.
[39] Thomas, ibidem I. q. 79, art. 11, ad 2.
[40] Vgl. Pieper, ibidem S. 48.
[41] Thomas, ibidem I. q. 79, art. 11, ad 2.
[42] Pieper, ibidem S. 48—50.

kenntnis der Seins- und Dingwirklichkeiten und damit weder zur Erfassung der Dingwesenheiten noch der Wahrheit vordringt. Und da dem menschlichen Geiste das wahre Sein und Wesen des Wirklichen solcherweise gewissermaßen entgeht, so kann sich die theoretische Vernunft auch nicht zur wegweisenden und richtegebenden Ordnerin des menschlichen Handelns und Schaffens auswachsen. Torheit wäre es ja, die Bestimmung und Ordnung des menschlichen Tuns einer Blinden oder Halbblinden anzuvertrauen. Denn die Blindheit des Geistes enthüllt sich in seiner Abdichtung vor der gegenständlichen Seinswelt, die auf sein Erfassen und Verstehen angelegt ist, und aus deren Erkenntnis und Erfassen er sich an sein Handeln und Schaffen macht.

X. Nun dringt aber der Mensch beileibe nicht immer durch bloßes einfaches Erfassen zur Wirklichkeit der Dinge vor. Er gelangt vielmehr zur verstehlichen Wahrheit, indem er von dem einen Verstandenen zum andern fortschreitet. Alle menschliche Wissenschaft ist ja schlußfolgernde Wissenschaft. Dabei schöpft sie ihre Gewißheit aus Ursachen und bewegt sich auf dem umständlichen Wege des Schlußfolgerns vom Bekannten zum Unbekannten, um es als Verstandenes im Verstande zu besitzen. Daher verhält sich auch das Vernunftfolgern zum Verstehen, wie das Bewegtwerden zur Ruhe oder wie das Erwerben zum Haben, und die Vernunft zum Verstand gewissermaßen wie die Zeit zur Ewigkeit. Wie nun aber jede Bewegung immer von einem Unbeweglichen ausgeht und bei etwas Ruhendem endet, so geht auch das sich als eine Art Bewegung enthüllende Schlußfolgern vom Verstehen bestimmter, naturhaft ohne Nachforschen der Vernunft bekannter Wahrheiten aus. Von diesem unbewegbaren Ausgangspunkt herkommend endigt sie dann bei einem Verstehen, das sich zu einem Urteil über das durch Schlußfolgern Gefundene im Lichte der durch sich selbst naturhaft einleuchtenden Grundsätze auswächst. Mit diesen unbeweglichen Prinzipien, auf deren granitenem Fundament der Mensch das stolze Gebäude der Wissenschaften aufbaut, meinen wir jene Grundsätze, die allen einleuchten und deren Begriffe ohne jegliche ab- oder aufsteigende Schlußfolgerung unmittelbar und ohne Hemmung jedermann aus der bloßen Sinneserkenntnis erschlossen und bekannt sind. Und weil diese Begriffe unmittelbar aus der Erfahrung gewonnen werden, enthüllen sie sich auch als ganz allgemein, weshalb ihr Verhältnis zueinander jedem sterblichen Menschen sofort einleuchtet[43].

Die Leichtigkeit und Fertigkeit aber, diese naturhaft einleuchtenden Grundsätze unmittelbar aus der Sinneserkenntnis herauszubilden und zu

---

[43] Vgl. Thomas, Summa theol. I. q. 79, art. 8 u. 12 und Gredt, op. cit. I. S. 113 f.

erfassen, ertüchtigt den menschlichen Verstand zu jenem ihm allein zukommenden guten Werk das in der Betrachtung des Wahren besteht. Denn erkennend verwirklicht sich ja die menschliche Vernunft und steigt zur eigenen Vollkommenheit empor. Daher kann die Vernunfteinsicht in diese unabdingbaren Grundprinzipien auch als seinshafte Eigenheit und Verhaftung und als natürliches Gehaben angesprochen werden, auf Grund dessen sich der Mensch in dieser Welt zum Gipfel der Erkenntnis alles Seienden und Wißbaren erhebt. Zum unausrottbaren Schatz dieser Urprinzipien gehören etwa das Kontradiktionsprinzip, wonach nichts unter demselben Gesichtspunkt zugleich sein und nicht sein kann, das Identitätsprinzip, der Grundsatz des ausgeschlossenen Dritten, nach dem es zwischen Sein und Nichtsein kein Mittel gibt, der Grundsatz der Übereinstimmung zweier mit einem Dritten und das Prinzip, daß das Ganze größer als sein Teil ist[44]. Das unmittelbare Einleuchten dieser Ursätze ist eine offenbare und fundamentale Tatsache, auf der die Wahrheit, Richtigkeit und Festigkeit aller menschlichen Erkenntnis und Wissenschaft beruht.

XI. Wie nun aber die spekulative Vernunft bezüglich des bloß Betrachtbaren Folgerungen zieht und auf dem Wege des schlußfolgernden Überlegens zur Wahrheit gelangt, so zieht auch die praktische Vernunft solche Folgerungen betreff des Ausführbaren, um auf dem nämlichen Weg des schlußfolgernden Denkens bei der Wahrheit und Richtigkeit des Befehls und damit des Sollens oder gar der Norm zu enden. Denn in der Welt des Rechtlichen entspricht diesem Befehl der Vernunft an den Willen das Gesetz. Wenn demnach der Mensch im Bereich des Betrachtbaren an der Hand absoluter, unbeweglicher und von selbst einleuchtender Grundsätze zum Wahren fortschreitet, so müssen ihn auch solche unveränderliche Grundsätze im Ausführbaren leiten. In all ihren Werken strebt nämlich die Natur nach dem Guten und der Erhaltung dessen, was sie durch ihr Schaffen verwirklicht, das sich stets nach unveränderlichen und ewigen Gesetzen vollzieht. Es gäbe nämlich keine Festigkeit, Dauerhaftigkeit und Sicherheit in dem, was die Natur nach bestimmten Gesetzen bildet und wirkt, wenn sich diese Gesetze nicht als unwandelbar erwiesen. Daher wird ja auch alles Veränderliche auf ein Unveränderliches zurückgeführt. In gleicher Weise geht nun jede besondere Erkenntnis von einer andern ganz sichern und jeden Irrtums baren Erkenntnis aus, die sich als Einsicht in die ersten allgemeinen Prinzipien enthüllt, in deren untrüglichem Licht alles Wahre gebilligt und alles Falsche verworfen wird. Bestünde in der Erkenntnis dieser letzten Ursätze nicht

---

[44] Vgl. Thomas, Summa theol. I. II. q. 57, art. 1 und Deutsche Thomasausgabe, Bd. 11, S. 493 ff. Weiter Gredt, ibidem S. 115, G. Manser, Das Wesen des Thomismus, Freiburg (Schw.) 1935, S. 252—74. Damit sind indessen noch nicht alle diese Grundsätze genannt.

eine vollendete Irrtumslosigkeit, so gäbe es keine sichere Erkenntnis in dieser Welt. Da man aber im menschlichen Tun und Schaffen auf eine bestimmte Rechtheit stößt, so muß es auch in diesem Wirken bleibende Grundsätze geben, die ihre unveränderliche Richtigkeit bewahren und nach denen man im menschlichen Tun dem Guten beipflichtet und dem Ungerechten und Bösen widersteht. Diese untrügliche ohne jegliche Schlußfolgerung unmittelbar aus der Sinneserkenntnis gewonnene Einsicht enthüllt sich als seinshafte Verhaftung und Eigenheit des Geistes, die zum Guten anspornt und gegen das Böse aufbegehrt[45]. Wie nun die dem Menschenwesen von der Natur für das Betrachtbare verliehenen Grundsätze zu einem Habitus gehören, so erweist sich auch die soeben genannte Eigenheit als eine naturhaft angeborene Haltung des menschlichen Geistes, durch die dieser ein ursprüngliches und unfehlbares Urteil über das Gute als Zielsinn menschlichen Tuns besitzt. Wäre nämlich diese Einsicht und Erkenntnis dem menschlichen Geiste in ihrem kernhaften Wesen nicht als eigentliches Urgehaben eingesenkt, so könnte er über keine sofortige, leichte und niemals fehlende Anwendung dieser Ursätze verfügen, wenn er ihrer bedürfte. Damit würde ihn aber die Natur in all seinem Tun schließlich einem vollendeten Relativismus überantworten. Forscht man weiter nach dem Inhalt dieser Ursätze, so stößt man auf die Grundprinzipien des Naturrechts, weshalb sich diese urhafte Eigenheit mit Recht als naturhaftes Gegenwärtighaben des rechtlichen und sittlichen Naturgesetzes ansprechen läßt[46]. Denn „die erste Ausrichtung all unserer Handlungen auf das Ziel hin erfolgt notwendig durch das natürliche Gesetz"[47]. Diese im Wesen des Verstandes und Willentlichen ruhende Kraft will auch Augustinus andeuten, wenn er in seinen Enarrationes zum Psalm 145,5 schreibt: „Die Seele hat ein Gesetz empfangen, daß sie dem anhange, was über ihr ist, und herrsche über das, was unter ihr ist ... Sie gibt sich selbst Bescheid aus dem Lichte Gottes heraus durch das vernünftige Denken; von da empfängt sie den Bescheid als unverrückbar fest gegründet in der Ewigkeit seines Urhebers. Sie liest dort etwas, was sie schauern macht, was ihr Liebe, was ihr Sehnsucht und Verlangen weckt"[48]. Wenn also auch im tiefsten Grunde jedes

---

[45] Vgl. Thomas, De veritate q. 16, art. 1 und Summa theol. I. q. 79, art. 12. Es dreht sich hier um die bei den Alten und in der mittelalterlichen Philosophie wohlbekannte Synderese. Pieper übersetzt den mit diesem Wort gemeinten Seinsverhalt mit dem recht glücklichen Ausdruck „Urgewissen", womit dessen Unterschiedlichkeit zum schlechthinnigen Gewissen hinlänglich angedeutet ist. Denn die verstandhafte Eigenheit des Urgewissens nimmt sich als eigentlicher Tätigkeitsgrund des menschlichen Gewissens aus. (Vgl. Thomas, Summa theol. I. q. 79, art. 13 und De veritate, q. XVII; Pieper, op. cit. S. 54 und 105, Anm. 7).

[46] Ebenfalls Thomas, De veritate, q. 16, art. 1 und so Pieper, op. cit. S. 60.

[47] Thomas, Summa theol. I. II. q. 91, art. 2, ad 2 u. q. 95, art. 2.

[48] Migne, Patrologiae Tomus 37, p. 1887/88.

menschlichen Wesens der Zunder des Ungerechtes und Bösen flackert, so ist doch seinem Verstand und Willen auch das untrügliche Licht dieser unzerstörbaren Erkenntnis verliehen, das seinen Geist durch naturhafte Einsichten an die Wahrheit bindet und seinen Willen durch Befehle zum Guten ruft.

XII. Vergleicht man nun den obersten Grundsatz der betrachtenden mit dem der ausführenden Vernunft, so sieht man, daß sich dieser auf den Begriff des Guten stützt, während jener im Sein vergründet ist. Nach der Lehre der Philosophia perennis ist das Gute das, wonach alles strebt[49]. Weitet man diesen Begriff in ein „Sein-sollen" aus, so kommt man zum Ursatz, daß das Gute das sein soll, wonach alles strebt. Daher enthüllt sich als oberstes Prinzip der praktischen Vernunft der Leitsatz, daß das Gute zu tun und zu lieben und das Böse zu meiden und zu hassen ist. Denn „die Ordnung des natürlichen Gesetzes folgt ja der Ordnung der natürlichen Wesensneigungen[50]". Und in dieser Urnorm alles Rechtlichen und Sittlichen enthüllt sich gewissermaßen der Identitätssatz der praktischen Vernunft[51]. Da sich nämlich das Gute als das Seiende erweist, nach dem alles strebt, und dieses Sein eben getan und verwirklicht werden oder schlechthin sein soll, so läuft dieser Grundsatz auf den Satz oder das Gesetz hinaus, daß das Seiende sein soll. Damit steht man aber lediglich vor einer Umformung und Überführung des im Bereich des rein Betrachtbaren geltenden Identitätssatzes „das Seiende ist Seiend" in die Welt des Ausführbaren. Dabei wächst sich bei dieser Übertragung das „Soll" zum Bindeglied zwischen Subjekt und Prädikat aus, weil eben das Praktische als vom Geist durchherrschte Wesensbewegung auf das im Handeln und Schaffen zu Verwirklichende angelegt ist. In allen Befehlen der menschlichen Vernunft enthüllt sich dieser Grundsatz als fundierende und alles Befehlshafte durchdringende Grundstruktur. Denn jeder besondere Befehl zielt ja immer auf die Verwirklichung eines bestimmt gearteten Guten und Seins.

Wenn nun aber das Gute das ist, wonach alles strebt, so stellt sich die unvermeidliche Frage, worauf denn eigentlich dieses Streben aller Wesen zielt, dessen Gegenstand eben das Gute ist. Damit ist aber zugleich auch nach dem Inhalt der obersten für das Ausführbare geltenden Grundsätze gefragt. Nun bedeutet alles Gute schlechthin ein Sein, weil ja das Seiende und Gute vertauschbare Wirklichkeiten sind. Ebenfalls bewegen sich alle Geschöpfe im Spannfeld zwischen Möglichkeit und Wirklichkeit und trachten nach der Entfaltung der in ihrem Wesen bloß keimhaft

---

[49] Aristoteles, Nikomachische Ethik, I. 1. 1094 a; Thomas, Summa theol. q. 5, art. 1 und De veritate q. 21, art. 1.
[50] Thomas, Summa theol. I. II. q. 94, art. 2.
[51] Pieper, ibidem, S. 65.

angelegten Wirklichkeit. Daher drängt sich der unabweisbare Schluß auf, daß jedes Geschöpf aus dem innersten und unwiderstehlichen Drang seines Wesens heraus nach der Vollendung des in ihm nur kernhaft enthaltenen Seins strebt. In dem, was Natur und Kunst wirken, ist nämlich aller Anfang auf die Vollendung hingeordnet, die man ja eigentlich als die Grenze der äußersten Seinsentfaltung eines Wesens ansprechen kann. Die Quelle, aus der die nach Vollendung strebende Wesensbewegung der Geschöpfe sich nährt, ist die naturhafte Neigung alles Seins, das in Fülle zu werden, auf was es angelegt ist[52]. Und weil das Gute die Eigenheit des Zieles und das Böse die des Gegenteils hat, so kommt es, daß die Vernunft naturhaft alles als gut erfaßt, wozu der Mensch eine naturhafte, eine Wesensneigung hat, während sich ihm das Gegenteil davon als bös enthüllt. Daher hat sich die Ordnung der Grundprinzipien des Naturrechts nach der Ordnung der Naturhaften Wesensneigungen zu richten. So gehört zunächst der Grundsatz, daß alles zu schützen und zu bewahren ist, was unmittelbar die Erhaltung des menschlichen Lebens sichert und seine Zerstörung verhindert zum Inhalt dieses Naturgesetzes. Jedes Wesen strebt zuallererst nach der Erhaltung seines Seins gemäß seiner besondern Art[53]. Betrachtet man weiter die animalische Natur des Menschen, so kann man das als naturgesetzlich ansprechen, wozu der natürliche Instinkt alle Tierwesen treibt, wie etwa die Verbindung zwischen Männlichem und Weiblichem und die Sorge um die Nachkommen. Endlich stellt man im Menschen einen innern Hang zu dem seiner Vernunftnatur entsprechenden Gut fest, so den natürlichen Drang, seinen Verstand durch Erkenntnis und seinen Willen durch in innerer Freiheit vollzogenes Wollen zu bilden. Hier entspringt sein Naturrecht auf Geistes- und Herzensbildung und die Berechtigung, die Wahrheit über Gott kennenzulernen und ihm anzuhangen. Weiter gründet in der Geistnatur des Menschen seine Würde als Persönlichkeit und der ganze Gehalt der Persönlichkeitsrechte. Da ihn endlich sein innerstes Wesen zum Leben in der Gemeinschaft drängt, so nehmen hier jene grundlegenden Vorschriften ihren Ausgang, die ihm im Verhältnis zu seinesgleichen ein Leben in Ordnung und Frieden ermöglichen[54]. Dazu gehören ein beachtenswerter Schatz fundamentaler Prinzipien der ausgleichenden Gerechtigkeit und die in seinem Wesen verankerte Hinord-

---

[52] Thomas, Summa theol. I. q. 48, art. 1. Vgl. dazu C. Nink, Metaphysik des sittlich Guten, Freiburg i. Br. 1955, S. 2 f., 6 f. u. 11 ff.; Pieper, ibidem, S. 65 und G. Siewerth, Die Freiheit und das Gute, Freiburg 1959, S. 45 ff.; 52 ff. und 68 ff.

[53] Hierher gehört z. B. das Notwehrrecht, das dem Menschen erlaubt, sich eines rechtwidrigen Angriffs mit Gewalt zu erwehren.

[54] Vgl. Thomas, Summa theol. I. II. q. 94, art. 2; Manser, Das Wesen des Thomismus, 2. Aufl. 1935, S. 589 ff. und „Das Naturrecht in thomistischer Beleuchtung, Freiburg, 1944, S. 84 ff. und Rommen, op. cit. S. 226 u. 229 ff.

nung des Menschen auf die Staatsgemeinschaft mit der Vergründung der Staatsgewalt in der göttlichen Urheberschaft der menschlichen Seins- und Wesensanlage. In diesem unmittelbar aus der Sinneserkenntnis gewonnenen und unausrottbaren Gesetz des menschlichen Urgewissens ist keimhaft sozusagen alles Grundlegende beschlossen, was im rechtlichen Bereich durch das Sinnen, Überlegen und Denken des menschlichen Geistes zu besondern für alle geltenden Prinzipien entwickelt werden kann.

XIII. In dieser fundamentalen gesetzlichen Grundverfassung des menschlichen Geistes ist nun auch das Sollen in seinem tiefsten Anfangs- und Wesensbestande angelegt. Und dieses abgrundhafte und dem Innersten und Geistigsten der Seele entquillende Sollen enthüllt sich als wesenhaftes Gegenwärtighaben des rechtlichen und sittlichen Naturgesetzes. Dazu nimmt es sich, wie schon betont, als natürliche Anlage und verstandhafte Eigenheit zu raschem, leichtem und untrüglichem Erkennen der ersten unmittelbar sich aufdrängenden Grundsätze menschlichen Handelns aus. Und diese selbst enthalten und enthüllen das grundlegende Gerechte und Rechtliche gewissermaßen in seinem urhaften Fundament und Entwurf, weil die meisten dieser Ursätze in ihrem Gehalt ein Verhalten des Menschen zu seinesgleichen beschlagen. Weiter ist diese natürliche Anlage dem Verstande einerschaffen, aber nicht in ihrer abgeschlossenen und makellosen Vollendung, sondern mehr anfangs- und aufrißhaft. Naturhaft ist sie in ihrem wurzelhaften, vor jeglichem menschlichen Tun und Handeln wesenhaft im Geiste verankerten Bestande. Unvollendet und entwurfartig gestaltet sie sich, weil sie durch den tätigen Verstand auf dem Umweg über die Sinneserkenntnis ursächlich mit den ersten Vernunfteinsichten in die vollendete Wirklichkeit und den unmittelbaren Urspruch des ersten grundlegenden Sollens überführt wird. Sie wächst sich so zum Anfangsbesitz unserer ganzen Verstandhaftigkeit und der auf das Gute ausgerichteten Willenshaftigkeit aus. Sie bildet indessen kein bloßes verstandhaftes Gehaben zur einfachen Seinserfassung oder gar eine Art platonischen Ideenschatzes. Wenn sie auch zur Wesenheit des Verstandes gehört und ihn in seinem Mögestand seinshaft affiziert, so gestaltet sie sich doch keineswegs zu einem Fundus eingegossener Ideen des Geistes aus. Vielmehr ist sie als urhafte Erkenntniskraft auf den ersten spontanen und unfehlbaren Urteilsspruch über das menschliche Handeln ausgerichtet und wird so zu einer eingegossenen Urteilsanlage über das grundlegende Gute und Böse und Gerechte und Ungerechte. Dabei enthält dieser fundamentale Wahrspruch und dieses zum Guten erweckende Geheiß des Urgewissens keimhaft die Grundstruktur jedes den Menschen anrufenden und anweisenden sittlichen und rechtlichen Sollens und bildet so auch die Grundform aller Befehle der praktischen Vernunft an den Willen. Daher durchwirkt diese ständige und unverlierbare Gegenwart des Naturgesetzes alles rechtlich Befohlene und mahnt mit seiner dem tiefsten Geistgrund entsteigenden Nötigung den menschlichen Willen zum Gehorsam. Diese verstandhafte und keinem schlußfolgernden Vorwärtsschreiten der Vernunft entquellende Urteilsanlage läßt sich so als ein naturhafter Geschmack und Instinkt für das Gute und Gerechte und als wahrhafter göttlicher Seelenfunke des menschlichen Geistes ansprechen. Sie ist die tiefste, feinste und wirkmächtigste Kraft des Verstandes und erhebt den Menschen bis zur Höhe der geschaffenen Geister, da diese unwandelbare menschliche Urkraft die einzige ist, die in der Art ihrer unvermittelten Schau der Geistererkenntnis gleicht[55].

Das Sollen ist damit im menschlichen Geist viel gründlicher und wesenhafter angelegt als im kategorischen Imperativ Kants und in Kelsenschen Hervorgang aus dem gesetzten Recht. Es ist dem menschlichen Verstand und Willen nicht durch den Deus ex machina des genannten Imperativs gewissermaßen von außen her aufgestülpt, sondern senkt sich dem Geist als naturhafte Schöpfergabe und Urteilsanlage ein. Weiter ist es mit der Seins- und Wirklichkeitserkenntnis unlösbar verquickt und läßt sich überhaupt nur von dieser her richtig auflichten. Schließlich hebt es sich in seinem unmittelbar einsichtigen und unwandelbaren Grundgehalt aufs entschiedenste vom rein formalen Sollen Kelsens ab. Ja, es enthüllt sich überhaupt nur von seinem sittlichen und rechtlichen Grundgehalt her als unmittelbar verstehbares und einleuchtendes Sollen und vermag sich auch nur als solches zur eigentlichen das menschliche Willensstreben behaftenden Nötigung auszugestalten. So weist es in dieser Anlage eine ganz andere Struktur und eine mit dem Geistgrund auf tiefste verflochtene Wesens- und Seinsgestalt auf.

XIV. Wenn nun aber nach diesen Darlegungen das Sollen nicht bloß anfangshaft im Sein vergründet, sondern geradezu in die dichteste Wirklichkeit hineingebettet ist, wie ergießt sich dann aus der Schau der geschilderten Wesenanlage und -ausrichtung des Menschen das Sein ins einzelhafte Sollen und ins gegenständliche Rechtliche und Gesetzliche? Genauso, wie die Wesens- und Wirklichkeitserkenntnis das menschliche Handeln durchdringt und durchwirkt. Verlegt man allerdings mit der Reinen Rechtslehre das in seinem tiefsten Sinn Rechtliche in das reine, von jedem Inhalt abgezogene Sollen, so enthüllt sich alles Fragen nach

---

[55] Vgl. zu diesen Darlegungen Thomas, De veritate, q. 16, art. 1 u. 2; Summa theol. I g. 79, art. 12 und Deutsche Thomasausg. Bd. 6, S. 450 u. 546 und Bd. 11, S. 496 f. Weiter O. Renz, Die Synteresis nach dem hl. Thomas von Aquin, in Beiträge zur Geschichte der Philosophie des Mittelalters, Münster i. W. 1911, S. 33—54 u. 83—95; Witmann, M., Die Ethik des hl. Thomas von Aquin, München 1933, S. 264 ff.; Pieper, ibidem S. 52—72.

dem im Sein und Wesen der zwischenmenschlichen und gemeinschaftlichen Beziehungsverhältnisse angelegten Rechtlichen und Gerechten als sinnlos. Da aber alles juristische Sollen nur in einem rechtlichen Sinngehalt existent werden kann und sich dieser nur aus der Vielgestaltigkeit der in der Wirklichkeit wesenden Rechtsbeziehungen schöpfen läßt, so fühlt sich der Geist für alle Rechts- und Gesetzesgestaltung immer auf die allem Gesetzlichen vorausliegende Wirklichkeit zurückgeworfen. Daher läßt sich dieses Einströmen der Wirklichkeitserkenntnis in alles rechtliche und gesetzliche Sollen recht eindringlich am Rechtssetzungsverfahren veranschaulichen.

Freilich vollzieht sich nun die Durchdringung des gesetzlichen Ordnens durch die die Wirklichkeit vernehmende Vernunft nicht in einem einzigen Akt. Vielmehr steigert sich die Hinwendung der Wirklichkeitserkenntnis zum sich langsam formenden Gesetzeswillen — im Stufenbau der einzelnen gesetzgeberischen Teilakte, aus denen sich die Gesetzgebung zu einem Ganzen zusammenfügt — allmählich zu dem sich in der Norm verdichtenden Befehl. Dabei nehmen sich diese gesetzgebungshaften Teilakte entweder mehr erkenntnishaft oder mehr willenshaft aus. Dazu fügen sich die mehr willentlichen den erkenntnishaften an, so daß sich an jeden Erkenntnisakt gewissermaßen eine Art Willensakt schließt. Im Nacheinander der verstandhaften gesetzgeberischen Teilakte strömt dann die Vernunft in das Wollen ein und wird damit praktisch. Damit sei nicht etwa gesagt, daß sich in der fortschreitenden Abwicklung dieser Akte das Vernunft- und Erkenntnishafte gewissermaßen abschwäche oder verdunste. Nein! Die wirklichkeitszugewandte Vernunft mit ihrer Ausstrahlung auf das Wollen erfaßt dieses allmählich immer eindringlicher und erläßt schließlich im Verfahrensabschluß den normativen Befehl. Und dieser trägt als wirkmächtiger Grund das den rechtsunterworfenen Willen nötigende Sollen. Doch in welche grundlegenden Teilakte zerlegt sich nun eigentlich so ein Rechtssetzungsverfahren?

Als erste Voraussetzung eines Rechtssetzungsverfahrens nimmt sich zunächst die Erkenntnis dessen aus, was überhaupt geordnet werden soll. Das Gesetzgebungsziel muß also zuerst in die eigentliche Sicht der rechtsetzenden Behörde gelangen. Und dieser Sachverhalt enthüllt sich als geistige Schau eines zu verwirklichenden Gesetzgebungsgutes und bildet einen reinen erkenntnishaften und vernehmenden Akt, der einen Wirklichkeitsverhalt widerspiegelt. Zu diesem verstandhaften Akt gesellt sich alsbald oder allmählich das sich an der bloßen Sicht dieses Gutes entzündende, allgemeine Wünschen und Begehren, welches sich aber noch keineswegs als wahrhaftes und inhaltsbestimmtes Streben abzeichnet. Dieses setzt erst nach dem richtegebenden, mahnenden und beschließenden Urteilsspruch des Urgewissens ein, der das Erstreben des gesichteten gesetzgeberischen Guten befiehlt. Dabei sollte das ganze nach diesem grundlegenden Bescheid einsetzende gesetzgeberische Handeln vom Gewissensurschatz des rechtlichen und sittlichen Naturgesetzes getragen sein. Was man nämlich als Naturrecht im Ursinn anspricht, enthüllt sich dem sinnenden Geist fast weniger als gesollte, denn vielmehr als Seinsordnung und unumstößliche Voraussetzung dessen, was überhaupt als Recht ausgedacht und entfaltet werden kann. Mit andern Worten: es gestaltet sich zur buchstäblichen Grundvoraussetzung für die Möglichkeit, das Werden und den Bestand einer Rechtsordnung überhaupt. Daher gerät mit eindringlichen Verletzungen des Naturrechts das Fundamentalste der menschlichen Seinsordnung durcheinander[56]. Denn als Unabdinglichstes supponiert jede auch nur halbwegige Rechtsetzung die aus der ganzen Sinnkraft und Tragweite der Urgrundsätze sich herausbildende rechtsethische Grundhaltung der gesetzgebenden Geister. Diese ist aber in den auf die abgründigsten Ungerechtigkeiten eingeschulten totalitären Diktaturen und in beachtlichen Kreisen vieler moderner Demokratien sozusagen verschwunden. Und diese Feststellung enthüllt den bestürzendsten sittlichen Zerfall unserer heutigen sich in ungeheuerlichsten Bosheiten auslebenden Epoche. Dabei nimmt sich diese buchstäbliche Apostasie vom Humanen um so grundstürzender aus, als die Preisgabe des fundamentalen rechtsethischen Gewissensurschatzes zur vorgeschriebenen Lehre und Richte der Staatsführung und ihrer Diener und damit die abgründigste und innerste Verkommenheit des Geistes gewissermaßen zu seiner erhabensten Haltung erhoben wird. Nur ein solcher durch Staats- und rechtsphilosophische Irrlehren seit langem vorbereiteter Absturz von dieser letzten geist- und willenshaften Grundhaltung konnte die nicht abzumessenden Perversionen der Rechtsordnung in den schrecklichsten weltgeschichtlichen Staatsgebilden der totalitären Diktaturen zur apokalyptischen Wirklichkeit gestalten. Eine rechtsethisch auch nur einigermaßen haltbare Rechtssetzung setzt aber eine aus dem Urgewissensbescheid herauswachsende Verstandes- und Willenseinstellung voraus, die allein eine gerechte und wirklichkeitsbestimmte Rechtssetzung ermöglicht[57].

In der weiteren Abfolge der Einzelakte eines Rechtsetzungsverfahrens schließt sich nun dem Urgewissensbescheid die eigentliche Erstrebung des gesetzgeberischen Ordnungsgutes an, die als eigentlicher Willensakt auf das Endergebnis des ganzen Gesetzgebungsvorgangs abzielt. Nach

---

[56] Vgl. Marcic, op. cit. S. 121.

[57] Vgl. die am 3. Oktober 1953 am VI. Kongreß für internationales Strafrecht gehaltene Ansprache von Papst Pius XII. bei Utz und Groner, Die soziale Summe Pius XII. Bd. I, Freiburg i. Sch. 1954, S. 202, No. 462—65 und die das abendländische Rechtsgewissen aufrüttelnde Schrift von Fritz von Hippel, Die Perversion von Rechtsordnungen, Tübingen, 1955.

diesem rein willentlichen Teilakt setzen nun die im Rechtssetzungsprozeß eine ganz besondere Breite einnehmenden Gesetzesberatungen ein, die ganz im Bereich des Erkenntnishaften und der praktischen Vernunft liegen. Wenn nämlich ein Gesetzgeber einen bestimmten Rechtsbereich normativ erfassen und ordnen will, so beginnt er zuerst mit einem eingehenden Studium der der zukünftigen rechtlichen Regelung zugrunde liegenden Wirklichkeit. Hat die fragliche Rechtsmaterie noch keine gesetzliche Ordnung erfahren, so ergründet er, welche Normen das gewohnheitliche Gebaren der beteiligten Volkskreise, die Wissenschaft und die Praxis aus dem Rechtsleben bereits entwickelt haben. Steht er vor einer bloßen Gesetzesrevision, so erforscht er, welche erlassenen Rechtsnormen und welcher Normgehalt sich bis zur eingeleiteten Revision bewährt und welche gesetzlichen Bedürfnisse das Ausleben der einzelnen Rechtserscheinungen entfaltet hat und wie schließlich die Doktrin und Rechtsprechung das geltende Recht ausgebildet und ergänzt haben. Oft schöpft er auch aus der einschlägigen Gesetzgebung und Rechtserfahrung anderer Staaten. Alle diese ganz im Verstandhaften sich entwickelnden Beratungen und Überlegungen münden in die willentliche Erscheinung von eigentlichen Zustimmungen und in die Erkenntnishaftigkeit von Urteilen über die einzelnen Gesetzesvorschläge oder -entwürfe aus. Und schließlich gestalten sie sich dann über die willentlichen Akte parlamentarischer Entscheidungen und Abstimmungen in die mehr Verstand- als Willenshaftes enthaltenden Schöpfungen der einzelnen Gesetzesbefehle und Normen um.

In der Aufeinanderfolge der erkenntnishaften Teilakte entfacht nun die Vernunft ihre Einflußnahme auf den Willen und steigert sie geradezu bis zu dessen Gehorsam und Abhängigkeit in der mehr im Verstandes- und Erkenntnisbereich liegenden Anordnung der Norm. Die Vernunft weitet sich also immer eindringlicher auf das allmählich sich herausbildende gesetzliche Wollen aus und nimmt mit ihrer Urheberschaft dieses im rechtsnormativen Befehl mehr oder weniger ganz in ihren Dienst. Mit diesem Einströmen des in gründlicher Wirklichkeitserkenntnis erwahrten Vernünftigen und Richtigen in das Willenshafte der Gesetzeserlasse wird der Gesetzgeber wahrhaft klug. Denn mit der Klugheit ist ja das rechte praktische Überlegen, Urteilen und Anordnen gemeint[58], wobei sich in der wirklichkeitsempfangenden und -vernehmenden Haltung von Überlegung und Urteil der Erkenntnischarakter dieser Klugheit enthüllt[59]. So wird dann die errungene Erkenntnis auf dem Beratungsweg in Kommissionen und in der Legislative gewissermaßen in Rechtsnormen umgegossen. Dabei wird eine vom Aspekt der Gerechtigkeit und des Gemeinwohls möglichst vollkommene Ordnung erstrebt, wenn das

---

[58] Thomas, Summa theol. II. II. q. 47, art. 10.
[59] Vgl. J. Pieper, Über die Klugheit, Olten 1947, S. 30 f.

Rechtssetzungsverfahren von der bereits genannten rechtsethischen Grundhaltung getragen und gespeist wird. Genauso wie das leibliche, seelische und geistige Sein eines Menschen in seinem Lebenslauf, so sollen auch die gesetzlich erfaßten und in der Wirklichkeit wesenden Beziehungsverhältnisse einer vollendeten Gestaltung zugeführt werden. In den gleichen Fußstapfen wandeln auch die Rechtsprechung und Wissenschaft, die ihre so reichhaltigen und mit vielen Forschungen untermauerten Erkenntnisse der Rechtswirklichkeit ständig in weitere die Gesetzgebung vielfach ergänzende oder sie gar ersetzende Normen umprägen. Letztlich enthüllt sich somit der juristische Gehalt der Gesetzgebung fast immer als in Rechtsnormen umgesetzte Erkenntnis rechtlichen Seins.

XV. Damit steuern wir geradewegs auf das Gegenteil des aus der idealistischen Erkenntnishaltung herausgewachsenen Grundsatzes der Reinen Rechtslehre zu. In der Tat gründet alles tiefere und fundamentalere Sollen im Sein, und der vom Sein völlig losgelöste Rechtsformalismus bedeutet nichts anderes als eine Verschüttung der wahren Grundverfassung der Rechtswirklichkeit. Letztlich schöpft nämlich aller Rechtsformalismus seine Rechtfertigung und seinen Existenzgrund aus dem in allen Gesetzeserlassen angelegten und sich kundgebenden Willenselement. Aus seiner Wirklichkeits- und Wahrheitsvergessenheit heraus kann er sich überhaupt nur an das Willenshafte klammern, weil nach ihm der staatliche Machtspruch und nicht die innere Sinnhaftigkeit und Einsichtigkeit das eigentliche Wesen des Gesetzes begründet. In diesem Quellgrund des alleinigen Macht- und Willenshaften decken sich also die Letztgründigkeiten des Formalismus ab, wobei die nackte Willensmacht vor dem Forum der Vernunft als ohnmächtige Rechtfertigung für das in der Norm enthaltene und nicht einleuchtende Gebotene dastehen muß. Und doch macht nicht das Willentliche das Recht zum Recht, sondern das aus dem Geist in makelloser Erkenntnis geborene und in der Norm sich lichtende Vernünftige. Wie die menschliche Entscheidung zu einem bestimmten Handeln aus der vernehmenden Erkenntnis der Wirklichkeit hervorquillt, die ein empfangendes Nachformen der objektiven Seinswelt ist, so geht auch die das Rechtshandeln bestimmende Entscheidung der Rechtsnorm und des Richterspruchs aus der Erkenntnis der Rechtswirklichkeit hervor. Das wahrhaft Gesetzliche stammt somit aus einer objektiven Schau der sich in den rechtlichen Beziehungsverhältnissen enthüllenden tatbeständlichen Wirklichkeit. In den Dingen selbst verbirgt sich ja ursprünglich die Ordnung[60]. Aus der Seinsanlage, dem Wesen und der innern Sinnhaftigkeit und Wahrheit dieser Beziehungsverhältnisse schöpfen die Normen daher auch beim geistigen Vorgang

---

[60] Thomas, Summa theol. II. II. q. 26, art. 1, ad 2.

ihrer Bearbeitung, Beratung und Redaktion ihren Rechtsgehalt, ihre Richte und ihr Maß. Daher kann man das Rechtliche auch das ganz objektbezogene zwischen Gemeinschaft und Personen, zwischen zwei oder mehr Personen oder zwischen Person und Sache sich ausspannende Gute und Wahre nennen. Ebenfalls bildet der im rechtlichen Grundtatbestand und in seiner juristischen Sinnhaftigkeit selbst angelegte Normgehalt das wahre, aus dem gegenstandsbezogenen und beziehentlichen Sein herauswachsende Sollen. Und weil sich das Recht und Gerechte in seinen grundlegenden Schichten für jeglichen menschlichen Zusammenhalt und jede Gemeinschaftsordnung als unabdinglich erweisen, so gestalten sie sich von diesem Blickpunkt her auch seinsurwüchsiger und seinsnotwendiger als die schlechthinnige Sittlichkeit[61]. Das Recht wird also gewissermaßen vom wahren menschlichen Sein her erfahren und „nicht als eine diesem einfach aufgestülpte Pyramide des Sollens"[62]. Daher liegt das wesenseigentümliche Gerechte aller Gesetze darin, daß die in der Erkenntnis der Rechtswirklichkeiten vollendete Vernunft das gesetzgeberische Wollen und Wirken innerlich bestimmt und es zu richtigen Normen ausformt. Aus dieser Sicht heraus ist auch die Sachlichkeit die einzige mögliche Grundhaltung des juristischen Geistes. Und wie dieser muß auch der Rechtsphilosoph von seiner innern Gesinnung, seinem eigenen Denkakt selbst absehen und hinblicken auf die Wirklichkeit, den Inbegriff des von jeglichem Denken unabhängigen Seins. Denn die seinsgerechte Erkenntnishaltung der Sachlichkeit besagt den Verzicht des Subjekts auf die Mitbestimmung der Erkenntnisinhalte und deren vollendete Aufnahme in den Verstand. Kein Mensch kann rechtlich sinnvoll normieren und handeln, wenn sich seiner Erkenntnis nicht zuvor das Wesen und die Wirklichkeit juristischer Beziehungsverhältnisse richtig erschlossen haben. Alles Gerechte wird ja verdorben durch falsche Erkenntnis und Klugheit des Weisen und durch die Gewalttat dessen, der Macht hat[63]. Und da zeigt sich, welche Bedeutung man dem Rechtsgewissen der Machthaber und einer realistischen Erkenntnishaltung für den Aufbau einer wirklichkeitsbestimmten und wahren Rechtsordnung zumessen muß. Denn der dem meisten Gesetzlichen vorausliegenden und sich auslebenden Rechtswirklichkeit entnimmt der gesetzgeberische Geist die juristische Norm. Die beziehungshafte und den Rechtsgegenstand umschlingende Wirklichkeit ist rechtlich, bevor sich ein Gesetz ihrer bemächtigt. Ihre innere Rechtlichkeit entspringt nicht dem Gesetz, sondern ihrer eigenen fundamentalen Wesensanlage. Und weil sich diese wesensgemäß und in sinnvoller Ordnung in juristischen Regeln ab-

---

[61] Vgl. Marcic, op. cit. S. 160 ff.
[62] Vgl. Marcic, op. cit. S. 164, Anm. 149. Dazu auch Heidegger, Platons Lehre von der Wahrheit mit einem Brief über den Humanismus, Bern 1954, S. 104 ff.
[63] Vgl. Thomas, Kommentar zum Buch Hiob, 8, 1.

bilden soll, so flutet alles Wesen und jeglicher Sinn des Gesetzlichen zurück in den Normgehalt.

Im Aufbau des gesetzgeberischen und übrigen rechtlichen Handelns entfaltet sich so ein ununterbrochenes Maßgeben und Maßempfangen zwischen dem seinsgerechten Erkennen der Rechtswirklichkeit und dessen richtegebender Macht und dem sich in die Rechtshandlung ergießenden Norminhalt. Denn von den geschaffenen Dingen empfängt die Erkenntnis des Menschengeistes ihr Maß[64], und aus dieser Erkenntnis spannt sich sein Wille zum Guten und in zwischenmenschlichen Verhältnissen zum Gerechten und Rechten aus. Im juristischen Bereich bildet nämlich das Gerechte und das eigentlich Rechtliche und Normative ein Sein gemäß der jeglicher Rechtswirklichkeit einwohnenden Vernunft. Jeder Jurist weiß ja, in welch entscheidendem Grad die im Einzelfall sich abzeichnende Lage oft die Rechtsregeln aus sich hervorholt und so ihren Vorrang vor der allgemeinen Norm wahrt, die so zum bloßen rechtlichen Rahmen und äußersten Umriß herabsinkt[65]. All unser Wollen und Wirken wird ja durch Erkenntnis gelenkt und geprägt. Daher steht auch über jedem gesetzlichen und übrigen juristischen Wollen das erkennende Verhalten zur rechtlichen Wirklichkeit. Und da sich so die Vernunft zum rein verstandhaften Einlaß und Erfassen der Wirklichkeit auswächst, nimmt sich im Stromlauf des Geistes und Willens von der Wirklichkeit zum Erkennen und Handeln das Rechtsirrtümliche, Rechtswidrige, Gesetzlose und Ungerechte als eine Art seinshaften Widerspruchs zur Wirklichkeit juristischer Verhältnisse aus[66]. Genauso wie die Wirklichkeit das Fundament des Guten bildet, muß das Rechtswirkliche in seinem auf eine vollendete Gestaltung angelegten Seinsbestand auch im Gesetz seinen entsprechenden Einlaß finden. Daher ist auch die Gesetzgebungskunst als Formgrund und Gestalterin der Rechtlichkeit die behutsame und entschiedene Prägekraft des politischen und juristischen Geistes, der das in den Rechtserscheinungen vorgefundene vernunfthafte Sein in das dem Geist des Menschen einleuchtende Sollen umformt. So allein kann dann die Rechtsnorm zu der aus dem rechtlichen Erkennen herausgewachsenen Vorform, zum gestaltgewordenen Abbild und verbindlichen Maß der rechtlichen Tatbestände werden. Mag also die Reine Rechtslehre das Recht noch so sehr von der Wirklichkeit losbinden, wir aber holen es aus dem Sein und der in ihm verankerten und festgefügten Ordnung der Dinge und der menschlichen Verhältnisse.

---

[64] Thomas, De veritate, q. I, art. 2.
[65] Marcic, op. cit. S. 167 f.
[66] Vgl. zu den vorausgehenden Darlegungen des weitern O. Spann, Bemerkungen über das Verhältnis von Sein und Sollen, Zeitschr. f. öffentl. R., Bd. 3 (1922/3, S. 555 f., insbes. 558 ff.; Rommen, op. cit. S. 164 ff.; Nink, op. cit. S. 40 ff. und Siewerth, op. cit. S. 7 ff. und 40—60.

Printed by Libri Plureos GmbH
in Hamburg, Germany

Printed by Libri Plureos GmbH
in Hamburg, Germany